되새길수록 좋은 서울의 한옥마을 이야기

서촌
西村
홀릭

로버트 파우저 지음

살림

내가 사랑한 한국들을 기억하며

: 　　　　　　이 책의 원고는 2014년 봄에 집필을 시작해서 2016년에 완성됐다. 오래전부터 내 한국 생활에 대한 글을 쓰고 싶었다. 하지만 글을 완성하고 나면 한국과의 오랜 인연이 끝나버릴 것 같다는 생각에 쉽게 시작할 수 없었다. 교수로서 해야 할 일도 많았다. 2013년에 서울대학교를 떠나 미시간주에 있는 고향 앤아버(Ann Arbor)로 돌아간 후에야, 그동안의 생각을 정리할 겸 나의 한국 생활에 대한 글을 쓰기로 결심했다.

1967년에 유치원에 입학해서 2014년 8월에 서울대학교를 떠날 때까지, 나는 학교에서 학생, 강사, 교수로서 학교에 소속되어 있었다. 그러니 2014년 그해는 처음으로 내가 학교를 떠나 삶에 큰 변화를 맞는 순간이기도 하다. 나는 그 순간을 기록으로 남겨두고 싶었다. 조직에서 벗어난 이유는 단순했다. 내가 그 조직의 일원으로 생활하고 싶지 않았기 때문이다. 좀 더 구체적이고 명확한 이유는 책을 쓰는 동안 정리해보기로 마음먹었다. 그리고 나는 나의 가장 소중한 기억부터 써내려가기 시작했다.

이 책의 원고는 한국과의 인연이 34년, 일본과 38년이 되는 해에 완성됐다. 사람은 나이가 들수록 과거를 돌아보며 지나간 추억과 소통하고 그 기억 속에서 우리가 앞으로 나아갈 방향을 모색한다. 인생의 절반 이상을 한국, 일본과 함께하며 많은 추억을 만들었다. 책을 쓰는 동안 그 생활이 앞으로 나에게 어떤 의미가 될지 생각해보게 됐다.

내가 처음 한국과 인연을 맺게 된 때는 1982년 8월이다. 일본에서 일본어 공부를 하던 나는, 체류 기간 연장 때문에 한국에 일주일 정도 머무르게 됐다. 그동안 일본 역사를 공부할 때 한국이 자주 등장해서 나는 자연스레 관심을 가지고 한국을 바라보게 됐다. 짧은 기간 동안 느낀 한국에 대한 인상은 '중진국'과 '독재국가'가 전부였다. 선진국이 되어가는 일본, 미국과는 차이가 컸다. 그 차이에 나는 매료됐다.

미국에 돌아간 뒤에는 한국에 대한 생각이 머릿속을 계속 맴돌았다. 방문 기간이 짧았던 것이 끝내 아쉽기만 했다. 결국 대학을 졸업하고 한국어 공부를 위해 한국에서 1년을 살아보기로 결정했다. 1983년. 스물두 살인 나에게 앤아버는 늘 안전한 곳이었고, 낯선 서울은 자극적이었다. 서울은 매 순간 엄청난 속도로 변해가고 있었고, 미래에 대한 기대와 독재를 향한 불만이 공존하는 곳이었다.

어학연수를 마치고 미국에 돌아왔을 때, 한국에서 느낀 강렬한 감정을 잊을 수 없어 다시 한국에 왔다. 그 후 육군종합행정학교에서 영어를 가르쳤다. 학생은 모두 군인이었다. 농촌 출신이 많았다. 그들과 친해지면서 또 다른 한국의 모습을 알게 됐다. 중학교 때 가출해 서울에 있는 공장에서 일하며 입학을 준비했다는 학생이 있었고, 산골의 작은 마을에서 태어나 13세가 될 때까지 전기 없이 생활했다는 학생도 있었다. 그들의 생생한 이야기는 나에게 새로운 즐거움이었다.

이후 한국과학기술대학교(현 카이스트)를 거쳐 1988년 가을에 고려대학교 영어교육학과에서 실용 영어 수업을 하게 됐다. 그때 한국은 학생 운동이 한창이었다. 학교에서 학생들과 친하게 지내며 한국이 민주화되는 과정을 흥미롭게 지켜봤다. 나는 이 책에 그때의 기억을 고스란히 담았다. 그래서 이 책의 중요한 테마 중 하나는 1980~90년대에 내가 한국에 머물며 느낀 매력과 인연에 대한 이야기가 된다.

1993년 여름, 한국과 인연을 맺은 지 11년 만에 박사학위 공부를 위해 아일랜드로 향하게 됐다. 박사를 준비하는 동안에는 다시 일본과의 인연이 깊어졌다. 1980년대 초, 미시간대학교에서 일어일문학을 전공한 나는 속된 말로 '일본통'이었다. 한국에서 지낸 10년 동안에도 일본에 자주 갔고, 오래된 친구도 만났다. 한국어와 일본어 모두 한자를 사용하기 때문에 한국어로 생활할 때도 일본어를 잊지 않았다.

하지만 1995년 다시 일본에 살게 됐을 때는 생각했던 것보다 적응하는 데 시간이 오래 걸렸다. 일본에 오랫동안 살아본 적이 없어서 사계절의 변화를 느껴보지 못했기 때문이다. 게다가 이번에는 전임 교수로 일본에 갔기 때문에 일본의 대학 일에도 깊이 관여해야 했다. 일본의 조직 생활 경험이 전혀 없는 상태에서 교수 생활이 시작됐다. 그러는 동안 여러 학교를 거쳤고, 조직에서는 표현할 수 없는 불만을 느꼈다. 그래도 열심히 일했고 많은 것을 경험했다. 한국에도 자주 들러 한국이 변화하는 과정도 유심히 지켜봤다.

이때 교토를 알게 됐다. 교토는 한국에 처음 갔을 때처럼 매력적으로 다가왔다. 일본에서 13년이라는 긴 세월동안 머물면서, 문화가 끝없이 풍성한 교토를 발견했다. 그렇게 일본의 숨은 매력을 체험하는 동안 나는 자연스레 한국에서 느낀 점을 토대로 두 나라를 비교하게 됐다. 이 부분은 이 책의 또 다른 중요한 주제다.

2008년 서울대학교 국어교육과에서 기회가 생겨 일본 생활을 정리하고 한국으로 돌아왔다. 내 인생에서 두 번째로 시작되는 한국 생활이다. 앞에서 이야기한 것처럼 일본에서 틈틈이 한국을 방문했기 때문에 적응하는 데에 큰 무리가 없을 거라고 생각했다. 하지만 막상 지내보니 그동안 변한 것들이 굉장히 많았다. 새로운 환경에 적응해야 하는 어려움은 한국의 지인들 덕분에 일본보다 한결 수월했다. 새로운 시작에는 항상 어려움이 있지만 좋은 사람들과 함께라면 덜하다고 느꼈다.

그런데 이맘때쯤 교수라는 직업에 회의가 들기 시작했다. 일본에서 시작된 이 문제는 서울대학교에 와서도 해결되지 않았다. 2010년에 어머니가 돌아가시면서 회의감이 더 심각해졌다. 흔히 직업이 '교수'라고 하면 사회적으로 가장 좋은 직업 중 하나 아니냐는 눈빛을 많이 받는다. 내가 느끼는 문제는 40대 후반부터 시작됐다. 학생과의 나이 차이는 점점 벌어지는데, 내가 하는 교육은 반복적이라는 게 가장 마음에 걸렸다. 나는 이게 굉장히 심각한 문제라고 생각했다. 고려대학교에서 학생을 가르칠 때는 그들과 같은 세대였다. 그렇기 때문에 그들과 마음이 쉽게 통했다. 2000년대 초반까지도 괜찮았다. 하지만 시간이 흐르면서 세대 차이를 느끼고, 거리감이 생기기 시작했다.

나는 50대에 그동안 쌓은 경험을 토대로 새로운 일을 하고 싶었다. 하지만 한국의 대학교는 반복적인 논문 생산을 권했다. 젊은 학자처럼 논문만 쓰고 싶지 않았다. 회의감에 지쳐갈 때쯤 서울에서 '서촌'이라는 새로운 매력을 발견하게 됐다. 교수님이라는 호칭에 지쳐서 새로운 자극을 찾은 것도 이유지만, 서촌에 빠진 데에는 다른 배경이 있다.

2008년에 처음 보게 된 서촌은 지금처럼 '뜨는 동네'가 아니었다. 한

세기가 새로 시작됐는데도 여전히 1980~90년대의 정취를 찾아볼 수 있는 특이한 곳이었다. 이런 모습은 매일 빠르게 변화하는 서울에서 낙후된 것처럼 보일 수도 있지만, 나는 편안함을 느꼈다. 서울에 숨은 시골 마을 같았다.

서촌이 재개발로 없어질 위기에 처했다는 이야기를 듣고 보존 활동을 시작했다. 그러는 동안 다양한 사람을 만나 깊은 인연을 맺을 수 있어 즐거웠다. 서촌에서 생활한 덕분에 서울대학교에 대한 마음이 멀어지는 것을 막을 수 있었다. 그리고 나이를 먹어가며 생긴 '외국인'으로서의 소외감도 잊을 수 있었다. 이렇게 보면 책의 또 다른 테마는 50대가 되면서 교수라는 직업에서 멀어지고 새로운 삶의 방식을 찾는 이야기가 되기도 한다.

책 곳곳에는 한국과 일본에서 생활하기 전에 관한 회상도 담았다. 50대에 들어서면 누구나 회상에 잠길 때가 많다. 2010년에 어머니가 돌아가시면서 그리움 가득한 추억보다 아픈 기억이 더 많아졌다. 옛날의 그 아픔들과 소통하고 싶었다. 이 책의 대부분을 고향인 앤아버에서 썼기 때문에 과거와 소통하는 일은 좀 더 수월했다. 언젠가 다시 한국에서 살게 되더라도, 원고를 고향에서 썼다는 것은 내게 소중한 경험이자 추억이 될 것이다.

과거와 소통하며 책을 쓰다보니 책의 밑바탕이 되는 마음가짐도 자연스럽게 정해졌다. 사회에서 성취한 것에 대한 집착을 버리고 늙음을 받아들이는 것. 교수로 지내던 동안에는 이런 생각을 할 것이라고 예상 못 했지만, 이제는 깨닫고 해방감을 느낀다.

이 책은 지금의 '한국'에 대한 책이라기보다, 나 로버트 파우저라는 사람이 경험했던 여러 모습의 '한국들(Koreas)'에 대한 기록이다. 그동안 사진으로 기록하고 마음에 새긴, 내가 경험한 여러 형태의 한국을 이 책에 고스란히 옮긴다.

1980년, 한국에서 격동의 시대를 경험하며 그 안에서 여러 사람을 만났다. 친화력이 좋은 사람도 있고 무뚝뚝한 사람도 있었다. 술을 잘 마시는 사람도 있었고 술을 전혀 마시지 못하는 사람도 있었다. 이렇듯 성향이 모두 다르다보니 '한국 사람은'이라는 표현조차 쉽게 사용하기 어려웠다. 1990년대의 일본도, 2000년대의 한국도 마찬가지였다. 그래서 나는 한국, 일본 그리고 나의 모국인 미국을 생각하면 일원화된 나라가 아니라 다양한 개인이 역사적 층을 갖고 있는 공동체라고 생각한다. 처음에는 일원화된 문화처럼 보이지만, 알아갈수록 다양성을 느끼게 된다.

한국과 일본을 알아가는 과정에서 두 나라는 더 이상 먼 나라가 아니라 내 인생의 일부가 됐다. 이 책은 한국에 대한 설명이라기보다 그 과정을 그린 책이라고 볼 수 있다.

서촌 홀릭

이 책을 쓰는 동안 추억을 되살려보면서 많은 사람이 떠올랐다. 한겨울, 오후에 친구들과 따뜻한 방에 모여 유자차와 귤을 먹던 순간도 떠올랐다. 과거를 떠올려보니 아름다운 순간이 많았다. 늘 마음속으로 나를 따뜻하게 감싸준 수많은 한국의 지인들에게 깊은 감사를 전한다. 앞으로도 함께 아름다운 순간을 나눌 수 있는 날을 기다려본다.

2016년, 앤아버에서

로버트 파우저(Robert J. Fouser)

차례

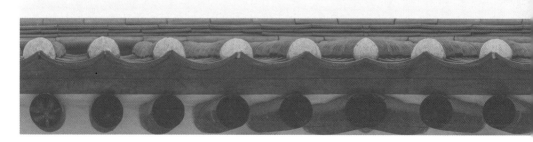

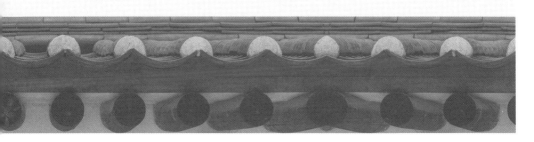

'사람 사이'라는 말이 내가 오랫동안 살았던

경복궁 서측의 '서촌'이라는 동네를 잘 설명해준다.

서촌 사람들은 각각의 골목처럼 어딘가에서

꼭 한 번은 이어지는 긴 네트워크 안에 살고 있다.

서촌지간

:   무더운 8월이 끝나면 한국에서 가장 바쁜 계절이 시작된다. 서울대학교 국어교육과 교수로 지내는 동안은 한글날 때문에 가을에 특히 바빴다. 매년 한글과 한국어 교육 관련 인터뷰 요청이 많기 때문이다. 한글에 대한 이야기를 해오면서 한국에서 사용하는 또 다른 문자인 한자에 관심이 더 깊어졌다. 1980년대에 대학에서 일본어를 전공하고 1990년대 중반부터 일본에 살면서 오랫동안 한자와 같이 살았기 때문이다. 한글과 달리 생김이 복잡하고 쓰기도 힘들지만, 글자마다 뜻이 있기 때문에 글자를 배울수록 각 글자의 개연성이 깊다는 것을 알게 된다. 알아갈수록 매력적인 문자다.

예를 들어 인과관계를 생각하면 '사이 間(간)'이라는 한자가 떠오른다. 間은 물론 '사이' 외에도 '때'와 '틈'이라는 의미가 있다. 그리고 한국 전통 건축에서 間은 집 간살의 수효를 세는 말이다. 일본어에서는 間을 활용하는 관용어가 있다. 이것은 '사이를 떼다' 또는 '시간 간격을 두다'라는 의미다. 무엇인가를 하기 전에 한 박자 쉬고 생각해보라는 조언이 담겨 있다.

間을 사용하는 단어와 고사성어는 아주 많다. 먼저 人間(인간)이 흔히 사용하는 말이다. 뜻은 '사람'이지만, 한자 그대로를 보면 '사람 사이'라는 뜻이 된다.

'사람 사이'라는 말이 내가 오랫동안 살았던 경복궁 서측의 '서촌'이라는 동네를 잘 설명해준다. 서촌 사람들은 각각의 골목처럼 어딘가에서 꼭 한 번은 이어지는 긴 네트워크 안에 살고 있다. 동네 토박이도 그렇고 새로 이사 온 사람도 그렇다. 서촌에 살게 되면 자연스럽게 새로운 골목을 발견하고 싶어 하는 호기심이 생겨나는 것처럼, 새로운 사람을 만나 새로운 네트워크에 들어가고 싶다는 기대와 새로운 사람이 계속 올 것이라는 희망이 있다. 한번 만들어진 네트워크는 서촌을 떠나서도 SNS를 통해 계속 유지되는 경우가 많다.

이 네트워크가 사람 사이로 만들어진 만큼, 그 안에는 기쁨도 있고 슬픔도 있다. 서로 다른 생각으로 사이가 나빠질 수도 있고 다시 화합할 수도 있다. 영원히 멀어질 수도 있다. 그래서 서촌이 가진 멋 중에 하나는 이 네트워크 속에서 변화가 생겨난다는 점이다. 늘 예측할 수 없는 드라마로 채워지기 때문이다. 골목이 많기 때문에 새로운 사람이 이사를 오면 모두가 금방 알게 된다. 서촌은 새로운 사람에 대한 호기심이 왕성한 곳이다. 처음에는 골목 중심으로 네트워크가 시작되지만 세탁소, 슈퍼, 미용실 등까지 소식이 금방 전해진다. 그리고 그 네트워크에게 단골 카페와 식당이 생기면 이야기는 더 빨리 확산된다. 몇 달이 지난 뒤에는 동네를 걷다가 이웃과 자연스럽게 인사를 나누게 되기도 한다.

서촌에는 온라인 네트워크도 있다. 온라인 네트워크가 만들어진 시기를 정확하게 언급하기는 조심스럽지만, 서촌에 거주하거나 서촌을 좋아하는 사람들은 SNS에 지역 커뮤니티를 굉장히 빠르게 개설했다. 그리고 동네 행사 정보, 생활에 대한 질문, 민생 문제에 대한 정보를 교환한다. 마치 습관처럼 모든 SNS에 서촌과 관련된 커뮤니티가 있다는 게 내게는 꽤 인상적이었다.

체부동에서 나의 첫 번째 한옥인 어락당을 수리하기 시작했을 때는 이런 일도 있었다. 내가 집을 수리하는 동안 생긴 일들을 트위터에 올리자, 나를 팔로우하는 사람 중에는 자신이 그 골목 끝에 산다고 소식을 전한 이도 있었다. 누구인지 무척 궁금했는데 공사 둘째 날 오후에 집 앞에서 그와 처음으로 인사를 나눴다.

그 다음은 '時間(시간)'이라는 말이 있다. 뜻은 '때 사이'인데 이것도 역시 서촌의 멋을 잘 설명하는 말이다. 즉, 서촌에는 여러 '때'가 공존한다. 시간의 흔적이 풍부해지는 것이다. 거리마다, 골목마다 여러 시대의 흔적을 만날 수 있어서 서울의 다른 동네에서는 찾기 어려운 그 동네 특유의 정서와 분위기를 느낄 수 있다. 나는 이것을 '레트로적이다'라고 표현한다. '레트로(Retro)'를 사전에서 찾아보면 '복고풍'이라는 설명이 나온다. 레트로는 옛날 분위기 또는 옛것에서 즐거움을 찾는다는 뜻이다. 바쁜 생활 속에서 서촌의 레트로 분위기를 즐기면서 시간의 느긋한 흐름과 세월의 규모를 느낀다. 이런 생활 덕분에 마음도 평안을 찾는다.

물론 레트로가 무조건 좋을 수만은 없다. 나는 그 분위기의 어두운 면도 봤다. 즉, 서촌이 가진 특유의 정취 때문에 나처럼 서촌에 빠지는 사람이 많고, 이것은 서촌이 상업화되는 원인이 되기도 한다. 서촌 고유의 분위기는 지금 한국의 모습과 다르기 때문에 이곳의 정취를 반영한 카페, 바, 게스트하우스가 늘고 있다. 진짜 거주자가 조금씩 줄어든다는 것은 함께할 이웃이 떠나간다는 것과 같은 맥락이다. 결국 '사람 사이'가 없어지는 것이다. 사람이 없는 삭막한 서촌으로 변하고 있다. 서촌에 오랫동안 정을 붙인 사람으로서는 안타깝지만, 한편으로는 옛날을 모르는 젊은 사람들이 서촌을 거닐면서 그 레트로적인 분위기를 소비하는 모습도 아름답다. 내가 좋아하는 것을 남이 좋아한다는 것도 반가운 일이기 때문에 이 지점이 늘 딜레마다.

'空間(공간)'이라는 말도 있다. 이 단어에는 '하늘에 있는 사이'라는 뜻이 있다. 물리적 장소에 있는 콘텐츠를 말하는 것이다. 물리적 장소로서의 서촌은 콘텐츠로서 사람과 시간의 흔적은 물론, 자연이 주는 아름다움을 포함하고 있다. 인왕산의 치마바위와 인왕산에서 북악산으로 이어지는 풍경을 배경으로 둔 이 마을에서는, 화분에 가득 자란 야채와 계절 꽃을 쉽게 찾을 수 있다. 그리고 곳곳에 드러나는 이런 소박한 풍경이 보는 사람의 마음을 편하게 만든다.

인터넷이 발달하면서 '콘텐츠'라는 말이 대중적으로 사용되고 있다. 이제는 문화재뿐만 아니라 역사적으로 가치가 높은 건물, 유명한 사람이 살았던 집, 시장과 같은 상업 시설, 그리고 자연물까지도 콘텐츠가 될 수 있는 시대다. 또 다른 입장에서 보면 동네에 거주하는 사람도 콘텐츠가 될 수 있고 그 사람이 공유하는 추억도 콘텐츠가 될 수 있다.

하지만 한 동네를 콘텐츠로 만들기 위해 동네의 성격을 규정짓는 데는 논란의 여지가 있다. 동네에 대한 정의가 저마다 다르고, 주민 개개인의 입장도 모두 달라서 아주 자연스럽게 입장 차이라는 게 생기기 때문이다. 한동안 그것 때문에 곤혹을 치렀다.

서울시는 이 지역에 있었던 별궁에서 세종대왕이 태어났다는 이유로 세종대왕과 한글이라는 테마를 잡고, 동네 명칭을 '세종마을'로 변경해야 한다고 주장했다. 그런 뒤 대중과 소통하는 콘텐츠를 개발하려 했지만 쉽지 않았다. 북촌의 관광 상업화를 보고 서촌도 그렇게 되었으면 좋겠다고 바라는 상인도 있었다. 상인이 사업이 번창할 기회를 엿보는 것은 자연스러운 일이지만 여기에도 큰 반발이 일었다. 역사를 활용하고 새로운 콘텐츠를 만드는 것보다 있는 그대로가 가장 좋은 콘텐츠라는 주장이 동네 젊은 층에게서 나왔다. 개인의 삶은 각각 다르기 때문에 '있는 그대로'에 대한 정의도 저마다 차이가 있었다. 오래된 골목, 인왕산 중심으로 이어지는 자연 경관, 오래된 가게와 그 주인들, 그리고 무엇보다 거주하는 사람들은 다 콘텐츠로서 존재할 수 있다. 그렇기 때문에 새로운 콘셉트도 필요 없고, 원래의 모습을 유지하는 것이 가장 좋다는 게 젊은 층의 생각이었다. 여기에 동의하는 사람들은 세종마을이라는 명칭을 거부했다. 그리고 서촌이라는 명칭을 유기적으로 퍼트려 사용했다. 새로 만들어진 말보다 이곳에서 먹고사는 주민이 편하게 사용하는 지역명을 지키고 싶어 하는 경향을 엿볼 수 있었다. 이런 차이는 개발 중심인 모더니즘과 무질서하면서도 유기적으로 변화하는 포스트모더니즘의 차이와도 비슷하다.

다시 間의 이야기로 돌아가보자. 이 말은 고사성어에서도 쉽게 찾을 수 있다. '舊交之間(구교지간)'이라는 말은 '오래전부터 사귀던 사이'라는 뜻이다. 서촌은 서울의 가장 오래된 동네 중 한 곳인 만큼 이 지역과 역사적으로 연대가 깊은 곳이 많다. 이 연대 속에서 사람들은 꼭 서촌에 살지 않아도 자신의 소속감을 서촌에서 찾기도 한다. 신기한 것은 그 다음 일이다. 서촌 역시 서울의 여느 동네처럼 변화하고 있기 때문에 새로운 관계가 활발히 생겨나는데, 새롭게 관계를 맺는 사람들은 서촌과의 인연이 오래전에 시작된 것처럼 느낀다고 입을 모은다. 그래서 서촌과 조금이라도 인연이 있는 사람은 가슴속 깊이 자신을 서촌 사람이라고 여기게 된다.

일본 오사카로 출장갔을 때 이런 일이 있었다. 오사카 중심지에 있는 큰 서점에서 서울 관광 안내 책을 찾아봤다. 두 권을 찾았는데 모두 서촌을 소개하고 있었다. 먼 오사카에서 서촌에 관한 이야기를 담은 책을 보니 동네가 색다르게 느껴졌다. 이 동네가 널리 알려지면 삼청동처럼 진짜로 이곳에서 거주하는 사람은 사라지고 상권만 발달하다가 결국 동네 자체가 퇴보할 거라고 걱정하던 중이었지만, 이렇게 책을 보게 되는 사람 중에서 서촌에 정말로 방문하는 사람이 생기면 좋겠다는 생각도 들었다. 그들이 서촌만의 人間, 時間, 空間을 느끼고 즐거워한다면 얼마나 반가울까 하는 희망을 가져보기도 했다.

서촌에는 人, 時, 空 사이에서 나오는 여유가 있다. 그리고 현대인의 일상에서는 발견하기 어려운 독특한 정취가 깃들어 있다. 여기서 사람들은 흥을 느낀다. 이것이 바로 '서촌의 사이(西村之間)'가 아닐까? 그 서촌의 사이가 다음 세대에도 이어졌으면 좋겠다.

보존은 '선善'이고
개발은 '악惡'일까?

:   매년 개강을 앞두고서야 오랫동안 연구실에
방치해둔 서류와 연구 자료를 정리한다. 2013년 8월 말에도 예외 없이
밀린 서류들을 정리하던 중에 흥미 있는 책을 발견했다. 1977년에 출
간된 것인데, 내 고향인 앤아버에 있는 역사적으로 가치가 높은 건물에
관한 책이었다. 책장에는 안내장이 하나 끼어 있었다. 고등학교 때 민간
단체에서 주최했던 오래된 동네 답사에 어머니와 참가했었는데, 그에
관한 안내 자료였다. 나는 그걸 보는 동안 고향의 역사와 나 자신의 개
인사를 엮으면서 오랫만에 시간에 대해 생각해보게 됐다.

앤아버는 자동차 산업으로 유명한 디트로이트에서 차로 1시간 떨어
진 대학촌이다. 인구가 11만 5000명이지만, 미시간대학교가 있어서 비
교적 많이 알려진 도시이기도 하다. 앤아버는 1824년에 설립된 마을이

고 1837년에 미시간대학교가 디트로이트에서 이곳으로 옮겨오게 되면서 대학촌이 됐다. 뉴잉글랜드에서 이주한 사람이 대부분이었기 때문에 남부의 노예제도에 대한 반대가 강했다. 그러한 이유 때문인지 지하철도(underground railroad)라는 운동을 통해 남부를 탈출해 노예제도가 없는 캐나다로 흑인들을 몰래 보내는 데 참여한 사람도 많았다.

지하철도 운동의 기반은 앤아버 지역 특유의 야성이었다. 이와 관련된 예는 앤아버에 있는 미시간대학교가 활발히 주도했던 학생 운동에서도 찾아볼 수 있었다. 미시간대학교는 베트남전쟁을 가장 격렬하게 반대한 주요한 운동 거점 중의 하나였다. 또 미국판 전대협이라고 할 수 있는 SDS(Students for a Democratic Society)의 본부도 있었다. 1960년대에 일어난 학생 운동은 반전 운동을 넘어서 새로운 가치관을 창출하고자 하는 포괄적 사회 운동이었다. 1960년대까지 확산됐던 반전 운동은 인종 차별, 여성 차별, 동성애자 차별, 환경 파괴, 역사 보존 운동, 재개발 반대, 냉전 시대의 이데올로기에서 해방 등을 포함했다. 앤아버는 그러한 다양한 운동이 부각되는 실험장이었다.

그 당시 내가 열린사회의 새로운 실험 지역에 살고 있다는 것을 인지하지 못했을지는 몰라도, 그와 관련해 영향을 받지 않을 수는 없었던 것 같다. 지금에서야 생각하는 것이지만 그 영향 중의 하나가 바로 역사 보존에 대한 관심이다.

도화선이 된 사건은 1974년에 있었던 앤아버 150주년 기념행사였다. 시는 시민들의 강력한 요청으로 역사적 경관이 많이 남아 있는 옛 서쪽 지역의 아파트 개발 계획을 취소하고 보존 지역으로 지정했다. 이에 대해 학교에서 많은 이야기를 나눴고 부모님과도 많은 대화를 했다.

어머니는 특히 오래된 건물에 관심이 많았다. 우리 가족은 그런 오래된 건물과 경관을 보기 위해 답사와 드라이브를 자주했다. 기념행사 기간은 여름에 걸쳐 있었다. 그때 부모님과 같이 시내를 걸으며 오래된 건물과 경관에 대해 나눴던 대화를 지금도 기억하고 있다.

이러한 경험을 통해 역사 보존은 '선', 역사 철거는 '악'이라는 사고방식을 갖게 됐고 지금도 변함이 없다. 그래서 나에게 역사 보존은 단순한 미적 낭만주의가 아닌 고정관념이라는 무게감 속에서 새로운 가치를 찾아나가는 해방적 행위다. 위에서 말한 개인사의 무대는 앤아버였지만, 거기에서 형성이 된 가치관은 나와 같이 이주하고 있는 것이 아닐까?

앤아버 외에 처음으로 가장 오랫동안 거주한 도시는 서울이다. 1983년에 미시간대학교 아시아어문학과(일본어 전공)를 졸업하고 서울대학교에 와서 한국어를 배웠다. 모든 것이 새롭고 신기한 서울에서 역사 보존은 물론 보존 운동도 생각하지 못했지만, 당시 나는 북촌을 자주 찾았다. 밤이 되면 종로의 피맛길과 무교동의 낙지 골목에서 즐거운 시간을 보냈다. 당시 나는 무엇이 후진 것이고 무엇이 선진적인 것인가에 대한 생각 자체를 하지 않고 눈앞에 있는 것을 그대로 받아들였다. 당시 서울은 88서울올림픽 준비 등으로 몹시 부산했지만 북촌의 기세와 물결은 대단했다. 북촌이 보존 지역으로 지정이 되어 있어서 피맛길과 무교동은 아주 재미있고 흥미로운 장소였다. 때문에 영원히 존재할 것이라고 생각했다.

그런데 1990년 즈음에 중요한 변화가 있었다. 당시에 나는 고려대학교 후문 근처에 살고 있었는데, 예전에 있었던 단독주택들을 갑자기 많이 헐면서 4층 건물이 들어오기 시작했다. 다른 동네를 봐도 그랬다.

그해 가을엔가 나는 혜화로터리에 있는 유명한 칼국수 집에서 친구와 만나기로 했다. 나는 내가 1년 전까지 살고 있었던 정이 많이 가는 한옥을 보여주려고 약속 장소를 그곳으로 정했다. 그런데 식사 후에 그 집으로 가보았더니 원래 있어야 할 집은 없어지고 대신 3층 벽돌 건물이 들어와 있었다. 나는 그때 처음으로 한국에서 역사 보존을 선과 악으로 극명하게 구분짓는 이분법적 사고가 강렬하게 떠올랐다. '그렇게 예쁜 집을 철거하고 이렇게 싸구려 건물을 지어버리면 안 되잖아!'라고 계속 생각할 수밖에 없었다.

'선과 악'의 매커니즘이 작동하게 되면서 자연스럽게 역사 보존에 대한 관심을 갖게 됐다.

한 지역에서 '선악'에 대한 생각이 서로 달라도

배려하는 마음을 바탕 삼아

이웃으로서 서로를 존중할 수 있으면 좋겠다.

1991년 봄에 성북구에 있는 이태준 고가의 위치를 수소문하여 찾아간 적이 있다. 그 집에는 어떤 가족이 평화롭게 살고 있었다. 그 후 같은 해 가을에 그 집을 다시 찾아갔을 때는 상황이 달라져 있었다. 집이 공사 중이었다. 나는 그 광경을 보고 걱정에 빠져들기 시작했다. 혜화동과 북촌에서 한옥이 없어지는 광격을 목격한 나는 이런 생각을 하기 시작했다.

'무언가 인위적으로 손을 대기 시작하면 나중에 부끄러운 결과로 이어지는 게 아닐까…….'

1992년에는 더 큰 충격을 받는 일이 있었다. 태국 불교 건축사를 석사 논문 주제로 삼아 연구하고 있던 여동생이 태국 가는 길에 한국을 찾아왔다. 우리는 같이 경복궁, 조계사, 인사동 등 유명한 관광지를 둘러보고 북촌을 향해 걸음을 옮기고 있었다. 북촌에 다다르기 전까지, 나는 동생에게 북촌에는 가장 서울답고 오래된 집들이 잘 보존되어 있다고 자랑을 해두었다. 그런데 정작 가보았더니 많은 집에 붉은색 낙서로 도배가 되어 있었다. 동생은 건축을 전공했기 때문에 그 광경에 더욱 놀랐고, 붉은 글씨가 무슨 뜻인지를 궁금해했다. 나에게 그 뜻을 알려달라고 했고, 나는 동생에게 이렇게 답해줬다.

"한옥 보존 반대, 재산권을 보장하라, 시장이 와서 살아."

몇 개의 구호를 그대로 번역해줬다. 역사적 건물 보존을 왜 반대할까? 왜 이곳의 사람들은 한국에 온 지 얼마 안 된 동생이나 나처럼 건물이 지닌 역사적 가치를 모를까?

수없이 떠오르는 질문에 속시원한 답은 없었지만, 나는 '개발 악'이 이곳에 작동하고 있다고 확신했다.

그 후에 한국을 떠나 박사학위를 받았다. 일본에서 13년 동안 교편을 잡았고 2008년에 서울대학교 국어교육과에서 한국어 교육을 맡을 수 있는 귀중한 기회가 찾아와 다시 한국에 살게 되었다.

당시 나는 서울대학교의 교수 아파트에 살았다. 오랫동안 일본에서 살면서 단독주택 생활을 한 습관 때문인지 아파트에 적응하기가 정말 어려웠다. 그래서 나는 주말이 되면 사대문 안에 있는 서울을 걸으며 집을 알아보러 다니기 시작했다. 일본 생활 13년 중에 6년을 교토에서 살았기 때문인지 몰라도 나는 자연스럽게 북촌을 중심으로 한옥을 찾게 됐다. 하지만 북촌은 이미 집값이 잔뜩 올라서 마땅한 곳을 만날 수 없었다. 결국 경복궁의 반대편인 서촌으로 방향을 돌렸다.

처음 한국에서 거주하던 때에 토속촌을 들렀던 적은 있지만, 서촌에 대한 특별한 기억은 없었다. 그때는 지금처럼 유명해지기 전이었다.

2008년 늦은 가을, 1992년에 동생과 같이 북촌에서 보았던 '한옥 보존 반대' 현수막이 서촌에도 걸려 있었다. 동네에는 어수선한 분위기가 감돌고 있었다. 한옥을 반대하는 현수막을 보고, 없어져버린 혜화동 한옥을 생각했다. 그리고 내 가슴 속에서 16년 만에 그 선악 메커니즘이 부활했다.

서촌에서 한옥이 많은 동네는 역시 재개발이라는 소동이 벌어지고 있었다. 그래서 나는 한옥을 포기하고 양옥에 살 수 밖에 없었다. 하지만 이를 계기로 나는 서촌에 많은 관심을 갖게 됐다.

2009년이 되면서 서울시가 지구단위계획을 준비하는 과정에 주민을 위한 설명회를 세 번 열었다. 나는 호기심을 가지고 그중에 두 번을 참여했다. 첫 번째 설명회의 질문 시간에는 어느 재개발 지지자가 익숙하게 자주 봐왔던 "한옥 보존 반대"라고 쓰인 현수막을 무대로 갖고 나와 책상을 뒤엎은 뒤에 마이크를 잡고 설명회를 무산시켜버렸다.

붉은 벽돌의 골목과 기와가 물결치는 한옥마을의 아름다운 풍경을 왜 자랑스럽게 생각하지 않을까? 나는 한옥에 살고 싶은데 왜 한국 사람들은 한옥마을을 포기하고 부시려고 할까? 이번에도 나의 질문에 대한 답은 찾을 수 없었다. 개발의 악이 여전히 강력하게 존재하고 있다는 것만 느꼈다. 이미 가동된 선악 메커니즘은 더욱 활발해졌고 나는 재개발을 막아야 한다고 생각했다.

2009년이 깊어가면서 재개발 때문에 동네는 더욱 어수선해졌다. 그리고 또 다른 개발의 악이 보이기 시작했다. 그것은 바로 난개발이었다. 필운대길의 큰 대지에 높은 빌딩이 들어서고 있었다. 건물은 계속 올라가고 있었기 때문에 이것이 합법인지 아닌지를 확인하기 위해 민원을 냈다. 하지만 합법이라는 믿을 수 없는 답을 받았다. 그래서 평소에 잘 알고 지내던 주민들과 같이 서명을 받고 단체 민원을 내기로 했다.

1990년대 초에 시작된 개발 악에 대한 냉전은 전쟁으로 변화했다. 어머니께 사진을 보내드렸더니 앤아버 사람답게 잘 싸우라고 격려해줬다. 2009년 말, 종로구청 직원이 나와 민원인을 위한 설명회를 열었다. 하지만 역시 합법이라는 대답이 돌아와 주민들은 실망하고 말았다. 그렇게 첫 전투는 패해버렸다. 어머니는 이를 "난센스"라고 했다.

개발 악에 대한 전쟁을 끝낼 수 없었다. 2011년 봄에는 1년 반 전 완공이 된 높은 빌딩 앞을 지나며 2010년 가을에 세상을 떠난 어머니의 말씀을 생각했다. 더 이상 조용히 있지 않겠다고 마음을 먹었고 트위터에 매일 항의 글을 올렸다. 이렇게 트위터를 계속하다보니 나의 견해에 동감하는 트윗들도 올라왔고 이에 대한 논의도 활발해져갔다.

이러한 논의 속에서 주민 모임을 만들자는 이야기가 나왔다. 몇 번의 모임과 논의 끝에 서촌주거공간연구회가 2011년 6월에 출범했다. 내가 다음 해 6월까지 회장을 맡게 됐다. 회원이 조금씩 늘어나면서 우리는 즐겁고 활발한 활동을 펼쳤고 서촌 지역의 발전과 보존에 기여했다. 그 결과로 수성동 계곡은 최대한 자연스러운 모습으로 조성됐고, 철거 대상이었던 '이상의 집'도 보존할 수 있었다. 옥인동 재개발 지구의 문화유산에 대한 공론화를 벌였고, 한옥 답사를 통해서 한옥에 대한 심도 깊은 공부도 할 수 있었다.

시간이 많이 흐른 뒤에 나는 다방면에서 생각을 이어나가봤다. 선악을 구별하지 않고 새로운 가치관을 창출할 수 있을까? 선악을 구별하지 않고도 앤아버 사람들이 지하철도 운동에 참여했을까? 그리고 선악을 구별하지 않고 앤아버 사람들이 자기 고향의 역사적 경관을 중요하게 생각하고 보존하려고만 했을까?

대답은 강한 'No'이다. 한국도 마찬가지다. 선악을 구별하지 않고는 민주화가 가능하지 못했을 뿐더러 앞으로도 지키지 못할 것이다.

여기서 중요한 것은 선악이 아니라 바로 소통의 방법이다. 만일 '개발 악'을 반대하고자 한다면, 즐겁고 흥미 있는 활동을 통해 많은 사람과 소통하는 과정에 '보존 선'에 대한 희망을 주며 공감대를 만들어나가야 한다. 그리고 여기에 덧붙여 작은, 아주 작은 소망이 있다. 한 지역에서 선악에 대한 생각이 서로 달라도 배려하는 마음을 바탕 삼아 이웃으로서 서로를 존중할 수 있으면 좋겠다. 그래야 갈등에서 해방될 수 있을 것이다.

일본어로 한국어를 가르치다

:   40대는 생각보다 빨리 온다. 2002년 봄에 교토대학교 부교수로 부임하면서 40대를 시작했다. 처음에는 30대와 차이를 못 느꼈다. 하지만 40대가 된 지 1년이 지났을 때 얼굴에 없어지지 않는 여드름이 피부암이라는 진단을 받고 충격을 받았다. 내게 생긴 피부암은 전이되지 않는 종류라서 수술만 하고 앞으로 조심하며 생활하면 생명에는 위협이 없는 경우였다. 하지만 그럼에도 불구하고 암은 암이니까, 충격이 빨리 가시지는 않았다.

   암 진단을 받고서는 보통의 일본 사람과 다르게 공개적으로 내가 겪은 일을 그대로 이야기하기로 결심했다. 그렇게 하면 본인이 병을 받아들이는 과정에 도움이 되고, 주위 사람들에게도 암에 대한 인식을 조금이나마 덜 두렵게 하는 데에 도움이 될 거라고 생각했기 때문이다. 주변에 있는 일본 사람들은 이렇게 말했다. 40대 초반에 많은 사람들이 건강 문제를 앓는다고. 그제야 내가 '나는 이제 젊지 않구나' 하고 깨달았다. 당시 일본은 피부암 환자가 1년에 100명도 되지 않았기 때문에, 피부암 발병률이 훨씬 높은 미국에 가서 수술을 받았다. 일본에 돌아와서 간신히 봄 학기를 마쳤다.

봄이 여름이 되고 여름이 가을이 되면서 충격과 긴장도 사라졌다. 더 천천히 살아야겠다고 마음을 먹고 일과 출세에 대한 욕심을 좀 덜어냈다. 그리고 취미 생활과 생활의 질을 높이는 데에 관심을 더 많이 쏟았다. 당시 살던 집을 좀 꾸며봤고, 주말에는 답사와 야외 활동을 했다. 한국에 방문하는 횟수도 조금 늘렸다. 그리고 평생 처음으로 요리에 관심을 뒀다. 그 뒤로는 나의 삶이 멋있게 흘러갔다.

2005년 봄에 오랜만에 가고시마대학교에서 영어교육과 교수로 일하는 대학 선배가 교토에 찾아왔다. 우리는 오랫동안 식사를 했다. 그는 내가 가고시마대학교에 왔으면 좋겠다고 이야기했다. 나는 한국어를 가르칠 기회가 생기면 가겠다고 대답했다. 가능성이 거의 없다고 생각하면서 막연하게 하고 싶은 일을 그냥 입 밖으로 꺼낸 것이다. 선배는 "글쎄……"라고 말을 살짝 흐렸지만, 그래도 알아봐주겠다고 대답했다. 당시 가고시마대학교에 한국어 교육과정이 없어서 자리를 구하기 어렵겠다는 뜻이 말 속에 들어 있기는 했다.

그런데 왜 한국어를 왜 가르치고 싶었을까? 1995년부터 10년 동안 일본에서 영어를 가르쳤는데, 더 이상 흥미를 느끼지 못한 게 가장 큰 이유였다. 당시 나는 교양 영어를 가르치고 있었다. 일본 학생들은 교양 영어에 관심이 없었다. 교토대학교 학생들은 우수했기 때문에 이끄는 대로 잘 따라와줬지만, 흥미를 갖고 공부하는 학생은 보기 드물었다. 수업은 보통 40~50명 규모였고 일주일에 한 번 90분을 수업하는 터라, 그 안에서 유독 튀는 오타쿠 학생을 빼면 수업에 들어오는 모든 학생의 이름을 기억하기 어려웠다. 수업을 하면 할수록 만족할 만한 교육 환경은 아니라고 결론을 내렸다.

또 다른 이유도 있었다. 박사 논문은 제3언어(제2외국어) 습득에 대한 것이었는데, 모어와 주변국 언어 이외에 새롭게 익힌 외국어 사이의 관계에 관심이 있었다. 그래서 나에게 외국어가 되는 언어를 가르치고 싶었다. 일본에서 일본어를 가르치는 외국인 교수나 강사가 몇 명 있지만, 한국어만큼 매력이 없었다.

많은 학교들이 외국인을 위한 일본어 교육 프로그램을 실행하고 있었고, 그것은 이미 잘 갖춰진 틀 안에서 윤활하게 교육 분야로 자리를 잡았다. 그에 비해 한국어는 한류의 영향을 받아 흥미를 끄는 언어이긴 했어도, 가고시마대학교처럼 한국어 수업이 없는 학교가 많았다.

1995년부터 계속 한국어 교육에 관심을 가졌다. 가끔 한국 학회에 참

석했다. 2000년에 「코리아 해럴드」에 칼럼을 기고하면서, 한국어도 일본 대학 입학 시험 외국어 과목에 추가해야 한다고 주장했다. 칼럼이 나오자 당시 한국의 교육부 문용린 장관의 비서에게서 잘 읽었다는 감사 메일이 왔다.

그 후에 문용린 장관이 일본 문부성(현 문부과학성)의 나카소네 장관과 교육정상회담을 가졌고, 일본의 대학 입시에 한국어가 포함되었으면 좋겠다고 말한 보도를 보고 반가웠다.

시간이 지나 일본 수상이 정책을 바꿨다. 2001년에 한국어 시험을 대입 시험에 포함시키겠다고 발표했다는 소식이 들려 무척 반가웠다. 그 기쁜 순간에 앞으로 한국어를 가르칠 수 있는 기회가 온다면 얼마나 좋을까 하는 생각을 했다. 그리고 계속 그 꿈을 가슴에 품어두고 있었다.

두 달 후, 가고시마대학교 선배에게 연락이 왔다. 학교에서 한국어 과목을 개설하는 데 관심이 많고 이야기가 잘되고 있다는 소식이었다. 술자리에서 선배에게 무심코 던진 꿈이 현실이 되는 것 같아 믿을 수가 없었지만, 학교가 나의 생각과 같은 방향으로 관심을 두었다는 사실 자체가 나를 들뜨게 했다. 참 기쁜 소식이었다. 한 달 후에 다시 연락을 받았다. 교양 과목의 이-러닝을 담당하면서 한국어 교양 과정을 설립할 수 있는 자리를 확보했고, 수업을 준비하라는 내용이었다. 반가움에 가슴속에서부터 웃음이 밀려 올라와 얼굴에 번졌다. 이렇게 생긴 사람이 일본에서 한국어를 가르칠 수 있을까?라는 질문도 해봤다. 내게 벌어진 모든 일이 신기하기만 했다.

그 후에는 절차만 남은 상황이었다. 결국에는 2006년 4월부터 가고시마대학교에서 한국어를 가르치게 됐다. 새로운 교육과정을 만드는 것이라 준비할 게 많았는데, 비원어민 입장에서 언어를 가르칠 때 교재가 가장 중요하다는 것은 알고 있었다. 교재가 단계적으로 구성이 잘 되어야 하고 문법 설명이 뚜렷해야 하고 연습 문제와 분명한 답안이 있어야 자신 있게 교단에서 쓸 수 있다.

당시 일본에 출간된 모든 대학의 한국어 교재를 꼼꼼히 봤다. 도쿄대학교 오고시 교수와 도카이대학교의 조희철 교수가 쓴 『말의 가교』가 가장 적합했다고 판단했다. 오고시 교수와는 한국에서 학회 때 인사를 나눈 적이 있어서 필요하면 쉽게 연락할 수 있다는 이점도 있었다.

개강이 가까워지자 학교에서 연락이 왔다. 새로운 과목이기 때문에 학생들이 제2외국어를 선택하려면 이에 대한 간단한 설명이 필요한데, 그 일을 내가 해주면 좋겠다는 부탁이었다.

한국과 일본이 역사적으로 관계가 있고 현재 인적 교류가 많아서 쉽게 글을 쓸 수 있을 거라고 생각했지만, 막상 쓰기 시작할 때는 정반대였다. 언어적 연관성을 언급할 때는 설명을 해나가는 데 어렵지 않았다. 삼국시대 일본과 교류했다는 점, 임진왜란, 그리고 한국에서 영향받는 일본 도자기 이야기까지는 글로 쓰기 쉬웠다.

가장 어려운 것은 19세기 말부터 현재까지의 한국 상황이었다. 일본 제국주의와 식민지, 해방 이후의 분단, 그리고 오늘날까지 지속되는 갈등……. 이런 예민한 부분들을 아예 언급하지 않는 방법도 있었지만, 고대사를 이야기하다가 갑자기 19세기 말부터 역사 이야기를 그만두는 것은 역사의 왜곡을 재생산하는 것이라고 생각했다. 만약 역사를 이야기할 것이라면 객관적이어야 한다고 결론을 내렸다. 분단 문제도 마찬가지였다.

일본에서는 '한국'과 '조선'이라는 말을 모두 쓰기 때문에 나는 단어를 선택하는 데 신중해야 했다. 조총련이 운영하는 민족학교에서 공부한 학생도 내 수업에 올 수 있기 때문이었다. 그래서 더욱더 객관화된 문장을 쓰기 위해 애를 썼다. 이윽고 만족할 만한 초안이 나왔다. 당시 교토대학교에서 친해진 조총련계 재일 한국인 대학원생에게 글을 보여 줬다. 친분이 두터운 한국 유학생에게도 보여줬는데, 양쪽에서 불만을 가질 수는 있었지만 일본의 상황에 맞는 글이라고 했다.

나는 그 사이에 가고시마로 이사를 했다. 개강 직전이 되었을 때 대학교에서 일하는 직원에게 다시 전화가 왔다. 수업 정원을 40명으로 설정했는데, 131명이 지원해서 추첨으로 뽑아야겠다는 소식이었다. 학교도 예상하지 못했을 정도로 많은 학생이 신청했다. 인원이 많아지면 나는 힘들어지지만, 더 많은 학생이 한국어를 공부할 기회를 얻는 것이 중요하다는 생각에 정원을 60명으로 바꾸어달라고 요청했다.

그리고 개강하는 날이 됐다. 출석부와 교과서를 들고 강의실에 갔다. 교실에 들어서면 학생들이 내 모습을 보고 웃음을 터트릴 거라고 예상했는데, 의외로 조용했다. 만약 내가 하는 수업이 영어 수업이었다면 영어로 가벼운 농담을 하고 수업을 시작했겠지만, 내가 선 수업은 한국어 수업이었다. 학생은 한글도 모르는 상태라 몇 번 "안녕하세요?"라고 인사를 건넸다. 학생들은 몇 번의 인사를 거듭 들은 뒤에야 조금씩 반응을 보였다. 나는 수업 내용을 설명할 때는 일본어를 썼다. 미국 사람이 한국어를 가르친다는 것을 신기하게 생각할 거라고 걱정했지만, 오히려 영어를 가르칠 때보다 외국인이 받는 '타자' 느낌이 없었다.

수업이 끝나고 교양 과정 사무실에서 직원과 잡담하는 동안, 나는 이런 말을 들었다. 일본인 교수가 독일어나 프랑스어를 가르치기 때문에 미국인이 한국어를 가르친다는 것이 그곳 학생들이 생각하기에 그렇게 이상한 일은 아니라고. 일본인 교수와 나를 똑같은 선상에 놓고 보는 것이 아닌가 하고 학교 직원이 이야기해준 게 지금도 간간히 기억이 난다. 한국어 덕분에 '탈타자'한 셈이다. 전혀 예측하지 못한 상황이었지만 덕분에 뜻밖의 해방감을 느꼈다. 아주 시원했다.

첫 학기를 잘 마쳤고 두 번째 학기도 수월하게 끝냈다. 수강생이 많아

..

일본어로 한국어를 가르쳤다.

내게 벌어진 모든 일이 신기하기만 했다.

서 다음 해부터는 분반을 해야 했다. 시간강사 자리를 확보했고 좋은 분과 일했다.

내가 부임했을 때 도서관에는 한국어에 관련된 책이 아홉 권뿐이었다. 예산을 요청해서 한국어와 한국 문화에 대한 책을 몇 백 권 구입할 수 있었다. 나는 도서관을 지날 때마다 기분이 좋았다.

가고시마대학교에서 한국어를 가르치는 도중에 서울대학교 사범대학의 국어교육과에서 제의가 왔다. 결정하는 데에 어려움이 많았지만, 2008년 8월에 13년 동안의 일본 생활을 마무리하고 한국에 왔다.

인생에 비교적 짧은 시간이었지만 한국어를 가르치면서 아름다운 순간이 많았다. 그중 특별히 기억하는 한 가지가 있다. 우연히 2년 동안 열심히 공부한 약간 오타쿠 성격인 학생을 학교에서 알게 됐다. 그 학생이 여름방학에 도쿄를 여행하면서 우연히 KBS 기자를 만나 한국어로 간단한 인터뷰를 했다는 것이다. 말이 잘 통해서 기분이 아주 좋았다고 했다. 그 이야기를 듣고 나도 기뻤다. 작은 일에서 큰 보람, 작은 일에서 큰 행복을 느낄 수 있다는 것도 한국어를 가르치면서 배웠다.

..

서울이 빨리 변화하는 도시라는 것은 틀림없다.

출근하면서 눈여겨보던 집도 어느 날 갑자기 없어지고

새로운 건물의 공사가 아주 빠르게 진행되곤 한다.

지정 문화재를 제외하고 오래된 것은

어느 날 갑자기 없어질 수 있다는 걸 염두에 두어야 놀라지 않는다.

서울, 발전과 보존 사이에서

: 　　　　　　서울이 빨리 변화하는 도시라는 것은 틀림없다. 방학이 되어 한 달 정도 해외에 갔다 오면 자주 갔던 가게가 없어지고 새로운 가게가 그 자리에 떡 하니 자리를 잡는다. 그냥 아예 없어지는 경우도 있고, 아무것도 없었는데 가게가 들어선 경우도 봤다. 출근하면서 눈여겨보던 집도 어느 날 갑자기 없어지고 새로운 건물의 공사가 아주 빠르게 진행되곤 한다. 무엇보다 지정 문화재를 제외하고 오래된 것은 언제든 없어질 수 있다는 걸 염두에 두어야 놀라지 않을 수 있다.

　사람도 그렇다. 일 때문에 연락했던 담당자에게 메일을 보냈는데 답장이 오지 않아 확인 전화를 해보면 자리 이동이 있었다는 대답을 듣기 일쑤다. 옛날에 서울에 사는 외국인들 사이에는 "한국 사람의 전화번호 수명은 6개월이다"라는 농담이 있을 정도였다. 이동과 이사가 그만큼 많았던 것이다. 휴대전화가 보급되면서 그런 문제는 어느 정도 개선이 되었지만, 부서 이동, 전직, 그리고 이사는 여전히 많다.

서울은 '자기 흔적 찾기'가 힘든 도시다. 젊을 때는 앞으로가 중요하기 때문에 뒤를 돌아보는 일이 많이 없지만, 나이를 먹으면 먹을수록 내가 어디서 왔는지에 대한 관심을 갖게 된다. 부모님이 돌아가시면 옛 추억과 소통하고 싶은 마음이 강해진다. 일종의 향수라고 할 수 있다. 향수는 고향을 그리워하는 것인데, 그것보다 추억과 소통하고 싶은 마음이 더 강하다.

2008년 가을. 15년 만에 한국에서 살게 됐다. 나는 내가 기억하는 옛날과 현실을 많이 비교하면서 기억을 재정비해야 했다. 그동안 1년에 두세 번 정도 일본에서 한국으로 와 한국 사회의 변화를 눈으로 볼 수 있었고, 일본에서 한국 소식이 쉽게 들어오기 때문에 현황도 잘알고 있었다. 그런데 실제로 살기 시작하면 바깥에서는 절대로 알 수 없는 차이들이 보이게 된다. 옛날에 살던 곳, 자주 다니던 곳에 대한 관심을 갖게 되기 때문이다.

한국에 처음 온 1983년에는 지금 6호선 버티고개역 근처인 약수고개에 살았다. 2008년, 날씨가 좋은 늦가을에 서울 성곽을 거닐면서 예전에 살던 집을 찾아보려고 했다. 집이 약간 크고 청기와로 된 2층 양옥이었다. 정원이 넓었다. 주변에 있는 집도 큰 편이었고 카타르대사관도 있었다. 장충동, 성북동, 한남동만큼 부촌은 아니지만, 규모가 살짝 작은 부촌 중에 한 곳임은 분명했다.

근처에 있는 다른 지역이 오히려 빈민촌이었다. 큰길을 건너면 달동네가 열렸다. 한국에 오기 전인 1980년에 멕시코시티에 두 달 살았는데, 그 달동네를 볼 때마다 멕시코시티의 빈민촌이 떠올랐다.

한국에 와서 새로운 집을 만나게 된 경위가 내게는 재미있는 기억으로 남아 있다. 당시 미시간대학교에서 영어를 공부하는 한국인 학생이 내가 한국에 공부하러 간다는 것을 알게 됐다. 그 친구는 내가 한국어를 배우면서 남동생 두 명과 영어로 대화하는 조건으로 홈스테이를 마련해줬다. 당시 미국에 어학 연수하러 온 학생은 대부분 부유한 집안 출신이었다. 그 친구가 홈스테이 비용을 받지 않겠다는 말을 전해줬고 고마운 마음으로 한국으로 출발했다.

성곽을 걷다보면 타워 호텔을 볼 수 있었다. 지금의 고급 도시형 리조트 반얀트리클럽앤스파서울이 있던 자리다. 그 뒤에 있는 팔각정에서 잠시 쉬고 살던 동네로 왔다. 경사가 심한 좁은 길이 많은 것은 그때와 같았지만, 내가 기억하는 건물은 하나도 발견하지 못했다. 하지만 살던 집 주소를 기억하고 있어서 모바일 지도에서 기어코 그곳을 찾아냈다. 옆 골목이 길로 바뀌어 있었다. 나는 주변을 헤매다가 버스가 다니던 옛 큰길, 지금의 버티고개역 내리막 길이 기억났다. 살던 집으로 예상이 되는 주소를 보고 집 위치를 확인했다. 이번에도 역시 집터만 남아 있고 집은 자취를 감췄다. 그 자리에는 특색이 없는 핑크색 4층 빌라가 들어와 있었다. 대문이 있던 자리 옆에 지하 주차장 입구가 있었고 길에서 보면 건물이 주변을 차단하는 것 같은 인상을 줬다.

1990년대 초부터 생긴 단독주택을 없애는 유행 때문에 그럴 줄은 알고 있었지만, 직접 보니까 실망스러웠다. 집터를 천천히 살피면서 알아볼 수 있는 흔적으로는 대지 뒤쪽에 있는 축대가 전부였다. 사실은 그마저도 옛날 것과 비슷한 느낌이 있었을 뿐, 확실하지는 않았다.

버티고개역으로 내려가는 길을 천천히 걸으면서 옛날에 거의 매일 보던 대문을 발견했다. 옆 기둥이 흰색 타일로 되어 있고 위에 콘크리트가 그대로 보였다. 그리고 내 기억 속의 교회 담장도 눈에 들어왔다. 걷다보니 옛날 흔적이 많이 보여 반가웠지만, 어쩐지 그때의 생명력은 잃은 듯 활기 없는 썰렁한 느낌이었다. 2008년에는 재개발이 무엇인지 몰랐지만, 그 후에 이 일대가 재개발 대상지로 지정됐다는 것을 알게 됐다. 2012년에 다시 성곽을 답사했을 때는 그 흔적이 모두 사라진 뒤였다.

그 철거 현장을 보고 나는 불안했다. 88서울올림픽 때 내가 살던 혜화동 한옥은 1990년 초에 이미 없어졌고, 한국에서 처음으로 살던 집과 그 인상 깊은 동네도 사라지고 말았다. 건물과 풍경이 꼭 남아야 옛 추

서촌 홀릭

억과 소통할 수 있는 것은 아니지만, 그래도 그 흔적을 볼 수 있으면 옛날의 생활 모습과 같이 살던 사람의 얼굴이 떠올라서 마음이 편해진다.

버티고개역에 도착하자, 건너편에 있는 커다란 남산타워가 한눈에 들어왔다. 아파트는 매력이 없지만 매일 보던 달동네보다 쾌적한 주거 공간이라는 것은 분명하다. 내 머리는 아파트를 보면서 개인의 흔적을 찾으며 무조건 옛날 것이 좋다는 노스텔지어에 빠지면 객관성을 잃을 것이라고 일러줬지만, 마음은 지형을 반영하는 아기자기한 달동네도 매력이 있다고 했다.

계속 과거의 흔적을 찾고 싶어서 버티고개역에서 지하철을 타고 옛날에 재직했던 고려대학교로 갔다. 안암역을 나오면서 추억이 많았던 정경대학 후문 쪽으로 향했다. 당시에 거의 매일 가던 동방서적 주인 부부께 인사드리고 싶었다. 2000년대 중반에 한국을 방문했을 때 인사드린 적이 있으니, 운이 좋으면 지금도 계시지 않을까 하는 기대가 있었다. 하지만 가게가 보이자 그 기대가 사라졌다. 옛날 간판의 흔적이 조금 보였고 건물은 거의 변함이 없었지만, 서점 대신에 식당이 들어가 있었기 때문이다.

미국은 2000년대 중반부터 책방이 없어지기 시작했는데 그 파도가 한국에도 왔구나, 하는 생각이 들었다. 그런데 아무리 생각해도 슬픔을 감출 수가 없었다. 약수고개에서 1년 동안 정붙이고 살던 집이 없어졌고 4년 동안 고려대학교에서 영어 강의하면서 거의 매일 들르던 서점이 없어졌다. 나는 고독함을 느꼈다. '내가 정말 1980년대에 서울에 살았다고 생각해도 되는 것인가?'라는 의문이 들었다.

동방서적은 마음의 고향 같은 공간이었다. 늘 주인 부부 중 한 사람이 자리를 지켰고, 인사도 대화도 너무 잘해줬다. 부부가 불교 신자라서 당시 불교에 관심이 많던 나는 그들을 붙들고 궁금한 것을 묻곤 했다. 그런 시간은 주로 퇴근 길에 있었고, 주말 아침에 나는 서점에 자주 놀러 갔다. 책을 주문하면 빨리 받을 수 있게 해줬고 외상이 됐다. 서비스가 최고였다. 책을 예쁘게 비닐로 싸주면 그 정감 있는 느낌이 손끝에 전해지는 듯했다.

1988년 가을 학기부터 1991년 가을 학기까지 고려대학교에서 학생들을 가르쳤다. 이 시기는 한국의 여러 출판사에게 매우 중요한 때였다. 1987년에 민주화가 이뤄지고 1988년부터 노태우 정권이 시작되면서 출판이 자유로워졌기 때문이다. 박태원, 이태준, 정지용, 김기림과 같은 월·납북 문인이 해금됐고 그들의 글이 출판물로 나올 수 있게 됐다.

독재시대에는 금지됐던 인문서도 활발하게 출간됐다. 동시에 한국 경제 성장률이 높아졌고 민주화에 대한 기대도 높았다. 꿈이 많은 시대였다. 마음이 늘 편한 동방서적 덕분에 그 변화, 그 활발한 시대를 책을 통해서 볼 수 있었다.

동방서적 주위를 천천히 보면서 옛날 단골 이발소, 약국, 그리고 신문 파는 가판대가 전부 없어졌다는 걸 알 수 있었다. 주변을 계속 걷다보니 그때 가던 단골 식당, 카페, 눈에 익혀뒀던 몇몇 식당도 다 없어진 휑한 풍경이 가슴에 들어왔다.

1992년이 끝날 즈음까지는 고려대학교 안에 있는 외국인 교수 숙소에 살았다. 2008년 가을까지 16년이 흐르는 동안 내가 기억하는 대부분의 흔적이 하나도 남지 않은 것은 지금도 받아들이기가 어렵다. 더더군다나 그 당시에는 더 믿을 수가 없었다.

서울은 신기할 정도로 빠르게 변화하는 인스턴트 도시다. 약수동 집에 대한 고마운 마음과 동방서적에서 산 책들이 아직 나에게 남아 있어서 웃을 수 있어 다행이다. 나는 그때 살았던 서울대학교 교수 아파트로 돌아갔다.

··

교토는 일본의 특별한 도시다.

일본에 있는 규모가 큰 여러 도시 중에 일본의 전통이 가장 많이 남아 있고,

전통문화와 관련된 가게와 교육 기관이 많다.

서촌과 교토에서 만난
살아 있는 문화

: 　　　　　　　　2008년 늦가을에 서촌을 발견했다. 당시 서
울대 교수아파트에 살고 있었는데 매우 마음에 들지 않았다. 시설은 좋
았고 언제든지 쓰레기를 버릴 수 있는 자유도 좋았지만, 동네에서 장을
보는 것이 극히 불편했고, 내가 잘 아는 강북에서 멀어서 재미가 없었
다. 학교와 가깝고 자연이 곁에 있다는 이유로 한국을 잘 모르는 몇몇
외국인 교수들은 만족했지만, 나는 살기 시작한 지 두 달이 됐을 때 강
북 쪽에 마땅한 집을 찾아다니기 시작했다.

　살고 싶은 동네를 생각하면 역시 교토가 기준이었다. 교토가 도시 구
석구석이 전부 예쁘지는 않지만, 나에게 이상적인 도시이고 다른 도시
에 살더라도 그 속에서 '작은 교토'를 만들려고 한다. 2006년에 가고시
마로 이사했을 때도 그랬고 2008년 가을에도 그랬다. 교토 사람도 아닌

내가 왜 그렇게 교토를 좋아할까?

관광객이 보는 교토에는 아기자기하고 예쁜 것이 많지만, 당연히 교토 곳곳이 모두 그렇지는 않다. 낡은 집도 있고 난개발의 흔적도 많다. 시내가 일본의 다른 도시와 별 차이가 없다. 그리고 교토는 도쿄처럼 수도도 아니고 오사카처럼 큰 상업 도시도 아니다. 일본 경제 구조 속에서 도시를 보면 그곳은 지방 도시이기 때문에 그렇게 부유하지도 않다. 다른 지방의 도시만큼 심각하지는 않지만, 교토는 고령화에 따른 공동화 문제도 있고 어렵게 사는 노인과 자영업자도 많다.

그럼에도 불구하고 교토는 일본의 특별한 도시다. 일본에 있는 규모가 큰 여러 도시 중에 일본의 전통이 가장 많이 남아 있고, 전통문화와 관련된 가게, 교육 기관이 많다. 일본의 국보를 통틀어 20퍼센트 정도가 교토에 있고, 유네스코 세계문화유산이 그 시내에 17개 있다. 일본의 유수한 대학 중에 노벨상 수상자를 가장 많이 배출한 곳도 교토다. 교토대학교를 포함해서 이곳의 20여 개 대학이 큰 공을 들였다. 때문에 일본에서는 한국의 신촌처럼 대학촌으로 여겨지기도 한다. 결국 교토는 돈보다 문화가 있는 도시다. 제2차 세계대전 이후 경제 성장을 중시해온 일본 사회 패러다임에 대한 저항이 강하다. 일본 공산당의 유일한 표밭이기도 하다.

내게도 교토는 특별한 도시다. 제2차 세계대전이 끝난 뒤 미군은 일본을 점령했다. 그때 내 아버지는 군인으로 1946년부터 48년까지 교토에 있는 군사 시설 설계 사무실에서 일했다. 주말이 되면 시내를 구경하면서 유명한 문화유산을 찾아봤다. 아버지는 그때 이야기를 자주 했다. 어렸을 때 아버지가 흑백 사진으로 기록한 교토는 아주 신비로운 느낌을 줬다.

아버지가 1984년에 젊은 나이로 세상을 떠난 후, '교토'라는 말을 들을 때마다 아버지 생각이 났다. 그리고 1995년 처음으로 교토에 살게 됐을 때 아버지가 살았던 터를 찾았다.

2002년 봄에 다시 교토대학교 교수로 부임하면서 나는 다시 교토에 살게 됐다. 그해 가을에 어머니가 일본에 놀러왔다. 어머니는 이미 두 차례 일본에 방문한 적이 있지만, 교토는 살면서 처음이었다. 어머니와 함께 같이 교토를 누비면서 나는 이곳이 더 새롭게 느껴졌다. 어머니는 그 이후로도 세 번 더 왔다. 어머니는 매번 교토에 대해서 공부를 해왔다. 그래서 오히려 내가 많이 배웠다.

어머니의 마지막 방문은 2005년 가을이었다. 2008년부터 건강이 조금씩 약해져서 서울에는 못 오시고 2010년에 돌아가셨다. 그 이후로 교토에 가면 같이 다녔던 길과 열심히 구경했던 장소에 들러본다. 그때마다 그 아름다운 순간들이 떠오른다.

교토를 좋아하는 이유가 내 추억 때문만은 아니다. 그 문화의 깊이에

매료됐기 때문이다. 교토는 다른 도시에서 찾아보기 어려울 정도로 전통문화가 살아 있다. 이런 지역은 그곳에 터를 잡고 살아가는 이들에게 의미를 만들어주며 반대로 사람들이 땅에 의미를 만들어가기도 한다. 예를 들면 이렇다. 매년 8월 16일에는 교토 주위에 있는 명산 다섯 곳에서 한자, 배, 그리고 신사의 대문인 도리 모양으로 불을 태우는 '대문자(다이몬지, 大文字)' 행사를 한다. 의미는 한국의 추석과 비슷한 '오본(お盆)' 기간의 끝을 알리는 것이다. 매년 돌아오는 오본은 선조의 넋이 이 세상을 다시 찾아 후손이 그들을 잠시 기리는 기간이다. 그래서 이 때에 일본인들이 묘소를 방문하고 청소를 한다. 마지막 날은 안전하게 넋을 보내기 위해서 불을 태우는 행사를 한다. 행사의 형태는 지역마다 다르지만, 교토의 경우 대문자가 있다.

대문자가 전국적으로 유명해서 교토에는 그날 관광객이 가장 많이 몰린다. 호텔은 예약하기 어렵고 시내는 사람으로 빽빽하다. 내가 교토에 살면서 여러 형태의 대문자를 봤는데, 동네 주민과 함께한 해에 가장 인상 깊은 경험을 했다. 그날도 불태우는 시간이 되어서 주민들이 골목에 나왔다. 서로 인사를 나누고 도리 모양으로 불길이 올랐다가 사그러지는 모습을 조용히 끝까지 지켜봤다. 행사 끝에는 작별 인사를 하고 아주 조용하고 덤덤하게 집으로 돌아간다. 웃고 떠드는 관광객과는 정반대되는 모습이다. 동네 주민에게 이 행사는 선조의 넋을 보내드리

는 행사다. 여름의 끝을 상징하는 행사로서 돌아가신 분을 기리며, 시간이 흘러간다는 것을 생각한다. 명상의 기회를 생활 속에서 얻는 것이다. 그러니 웃고 떠드는 자리와는 거리가 멀다. 교토 사람에게는 대문자가 그냥 전통을 지킨다고 말하기 위한 쇼는 아니다. 생활 속에 깊이 자리해 있고, 실제로 모두에게 의미가 깊은 행사이기 때문이다.

교토의 문화가 깊다는 것은 오래된 가게를 방문하면 자연스레 느낄 수 있다. 2005년 가을에 어머니와 같이 사케 공장이 밀집한 후시미를 방문했다. 하루 종일 구경하고 집에 돌아가는 길에 우연히 녹차 전문점을 발견했다. 주인이 나와서 맛있는 센차를 주며 차에 대해서 설명을 시작했다. 이야기를 하다가 집이 350년 정도 되었다는 것, 한 가문이 그 안에서 대를 이었다는 것을 알 수 있었다. 최근 녹차 소비가 떨어졌기 때문에 경영이 쉽지 않다고 하면서도 젊은 사람들을 위해 새로운 제품을 개발하고 있다고 이야기했다. 가게를 보면 오래된 나무로 만든 차 보관 박스가 많아서 그곳의 역사가 자연스레 느껴졌다. 그 역사는 교토의 대문자처럼 살아 있는 역사였다.

교토는 관광객들이 재미있어할 만한 '전시된 문화'가 많지 않다. 앞에서 이야기한 것처럼 사람들 삶 곳곳에 '살아 있는 문화'가 많다. 그래서 문화가 깊다고 자연스럽게 느끼게 된다.

그런데 살아 있는 문화가 나에게 어떤 의미가 있을까? 지적인 자극이 중요하고 새로 무엇을 배운다는 보람을 느낄 수 있는 경험은 중요하다. 사람이 늘 배우면 젊은 마음을 유지하고 남에게 더 쉽게 마음을 열 수 있기 때문이다. 이것은 나이를 먹을수록 중요한 부분이다. 하지만 나에게 그보다 더 중요한 것은 역사 속에 포함되려고 노력하는 것이다. 그러면 자신이 얼마나 작은 존재인지 알 수 있다. 사람이 작아지고 세상이 커진다. 주위에 오래된 것이 많고 늘 역사를 느낄 수 있는 환경에서 살고 있다면, 지금의 인생이 얼마나 짧으며 소중한 것은 무엇인지 깨달을 수 있다. 그것을 매일 느끼면 세속적인 답답함에서 해방될 수도 있다.

고향인 앤아버 이외에는 부모님과 인연이 있는 도시가 교토뿐이지만, 교토 이후에 교토와 문화의 깊이가 비슷한 곳을 찾으려고 했다. 지금도 은연중에 찾고 있는지도 모른다. 가고시마 중심지에 있는 동네에 거주하는 동안 지역 문화에 관심을 많이 가졌던 것도 그런 맥락이었다. 가고시마는 머물수록 교토처럼은 못 되겠다는 생각을 하게 되는 곳이었다. 그런 생각이 들고 나니 가고시마만이 가진 매력에 관심을 갖게 됐다. 나는 가고시마에서는 문화보다 나의 일에 좀 더 몰두했지만 말이다.

2008년 가을에 서울에 와서도 그랬다. 서울 속에서 나만의 작은 교토를 찾기 위해 첫 번째로 탐험한 곳은 북촌이었다.

날씨가 좋은 11월 토요일에 북촌에 갔다. 그해 여름에 동네를 구경하다가 몇몇 한옥이 너무 화려하게 개조된 모습을 보기는 했지만, 그래도 교토와 비슷한 분위기를 느낄 수 있어서 좋았다. 휴대전화로 위성 지도를 보고 경복궁 반대쪽에 있는 효자동이라는 동네에도 가봤다. 이곳에도 한옥이 많다는 것을 알게 됐다. 동네는 안국역 근처에서 경복궁 서쪽을 향하고 있었다.

그때까지 서촌과의 인연은, 1980~90년대 서울에 살았을 때 토속촌이라는 식당에 삼계탕을 먹으러 가끔 온 게 전부였다. 동네에 대해 아는 것이 거의 없었다. 2009년부터 자연스럽게 이 동네를 서촌이라고 부르게 됐지만, 당시에는 효자동으로 불렀다. 지금도 택시를 타면 효자동이 잘 통한다.

한옥이 밀집한 체부동을 걸을 때 가장 눈에 띄는 것은 언제나 재개발을 지지하는 현수막이었다. "한옥 보존 반대" "주민은 재개발 원한다"라는 말이 쓰인 현수막. 이곳도 예외는 아니었다. 재개발이라는 말의 뜻은 알았지만, 그 말이 사람들에게 어떤 의미인지는 알지 못했다. 그래서 더욱 충격이었던 것 같다.

"한옥 보존 반대."

그 글귀는 내게 충격을 줬다. 주민들이 왜 한옥을 싫어할까? 서울시가 한옥을 위해서 북촌에 지원을 많이 하는데 여기에 무슨 문제가 있기라도 한 걸까? 궁금한 게 많았다.

체부동에서 한옥이 많은 누하동과 통인동을 봤다. 창성동에서 통의동으로 가보기도 했다. 천천히 동네 곳곳을 걷는 동안 골목이 많이 보여서 인상적이었다. 한옥은 작고 좁은 골목과 잘 어울린다. 그래서 골목들은 아늑해 보였다. 답답하지 않았다. 무엇보다 이 동네에는 레트로적인 느낌이 있었다. 자연스레 내가 처음 한국에 왔던 1980년대를 추억하게 됐다. 나의 역사와 소통할 수 있어서 가슴이 시원했다.

긴 산책을 했다. 어디에선가 잠시 쉬기 위해 창성동에 있는 카페로 가서 카푸치노를 한 잔 마셨다. 왠지 북촌보다 이 동네가 그동안 꿈꿨던 작은 교토에 가까워 보였다. 경복궁역에서 걸어가면서 다음 주에 꼭 다시 와야겠다는 생각을 했다. 그리고 그 순간에 서촌의 매력에 빠져버렸다.

한국과 일본을 비교하라고요?

: 한국에 사는 외국인은 질문을 많이 받는다. 질문의 내용은 거의 비슷하다. "나이가 어떻게 되느냐, 결혼은 했느냐, 한국 음식을 먹을 수 있느냐"는 질문이 대표적이다. 그런데 내가 일본에 살았다는 이야기를 하면 한국이 일본에 비해서 어떻느냐는 질문을 꼭 받는다. 많이 받는 질문인 만큼 모범 답안도 있다. "한국 사람은 낙천적이고 편하지만 질서 의식이 좀 약하고, 일본 사람은 좀 더 내성적이라서 친해지기는 어렵지만 질서를 잘 지킨다."

그렇게 몇 년 동안 계속 같은 답을 해왔다. 그러던 2014년 봄. 연휴 때 교토를 구경하면서 오랫만에 두 나라에 대해 다시 생각해보기 시작했다. 그 생각은 한국에 돌아와서도 계속 이어졌다. 한국과 일본은 계속 변화하기 때문에 결론을 내릴 수는 없지만, 프랑스의 유명한 역사학자

페르낭 브로델의 '장기 지속' 이론을 빌려보자면 어느 정도까지 윤곽이 나온다.

브로델은 현대 역사학의 고전으로 평가받는 『물질문명과 자본주의』에서 장기 지속이라는 개념을 소개했다. 특정 유명인이 아니라 지리적 요건처럼 오랜 시간 일상에서 지속되는 요소들이 사회적, 경제적, 사상적 변화를 만들어낸다는 주장이다.

그럼 브로델이 말한 장기 지속의 역사관으로 한국과 일본을 들여다보면 어떻게 될까? 먼저 지리적 요건을 보자. 한국은 대륙에 붙은 반도이고 일본은 섬나라다. 그래서 역사적으로 한국은 대륙과 교류가 쉬웠고 자연스럽게 대륙의 영향을 더 많이 받았다. 그리고 반도는 섬보다 침략하기 쉽기 때문에 한국은 일본보다 침략을 많이 받았다.

그런데 지리적 요건에서는 양국에 비슷한 점이 있다. 두 나라는 산이 많고 농사를 지을 수 있는 땅이 좁아서 땅 소유는 역사적으로 귀한 일이었다. 사람이 살 수 있는 땅도 한정적이어서 인구 밀도가 높다. 20세기에 급속하게 도시화가 진행됐고, 수도에 인구가 집중되어 있다.

기후도 비슷한 부분이 많지만, 한반도는 일본 열도보다 춥고 건조하다. 기후의 영향으로 일본은 더운 여름을 극복하기 위한 의식주 문화가 형성됐다. 대표적 상징은 난방 시설이 없는 타다미방과 차가운 도시락이다. 한국은 겨울이 길고 춥기 때문에 온돌이 오래전부터 개발됐고 찌

개 같은 뜨거운 음식을 많이 먹는다. 두 나라 모두 겨울을 지내기 위한 음식이 발달되어 있지만, 겨울이 긴 한국에서 특히 발달한 음식 문화는 김치다.

역사의 긴 흐름을 보면 두 나라가 중국의 영향을 받으면서 독특한 문명이 형성됐다는 것도 공통점이다. 샤머니즘, 불교, 유교의 내용 등 이에 대한 비중은 서로 다르지만, 크게 보면 사상적 배경이 비슷하다고 볼 수 있다. 그렇다면 가장 큰 역사 차이는 무엇일까?

한 가지 큰 차이를 꼽는다면 군대의 역사다. 한국 역사에서 내전이 없었던 것은 아니지만, 삼국시대 이후에 내전의 규모가 작아졌고 내부보다는 외부에서 침략을 더 많이 받았다. 일본은 12세기부터 무사가 사회를 지배하면서 내전이 많았다. 에도막부가 설립된 17세기 초까지 내전은 계속됐다. 에도시대는 비교적 평화로웠지만, 지역 세력 사이에 경쟁이 많았다. 이것은 19세기 중반에 정치적 혼란을 가져온 이유 중 하나가 됐다. 그리고 더 나아가 메이지유신에도 큰 영향을 미쳤다.

20세기에 들어오면서 이 긴 역사의 흐름은 급격히 변화했다. 일본은 서양의 기술과 공업을 받아들이면서 역사상 가장 큰 전쟁인 제2차 세계대전의 주역이 됐고, 아시아 전역에 엄청난 피해를 줬다. 한국은 일본에게 나라의 주권을 빼앗기면서 역사상 가장 강력한 침략을 받았다.

흥미 있는 것은 일본의 역사에서 1,000년이 넘는 세월 동안 자리를 잡은 군사 문화의 영향이다. 지금 일본에 가면 가는 곳마다 깨끗하고 사람들이 질서를 잘 지키고 서비스가 친절한 나라라는 첫인상을 갖기 쉽다. 그런데 조금 더 깊게 살피면 그 질서와 친절함은 오래된 군사 문화를 반영해 생겨난 것임을 알 수 있다.

군사가 지배하는 국가의 문화는 지배자들의 가치관에 따라 달라진다. 일본의 경우, 외국에 자신들의 단단하고 완벽한 모습을 보여줘야 공격을 받지 않았다. 이러한 문화는 군대처럼 맡은 일을 문제없이 잘 수행해야 스스로를 지킬 능력이 있다는 것을 증명하는 것과 다름없었다. 이런 사회 문화는 현대로도 이어졌다. 편의점에서 일하는 아르바이트생도 그래야 되고 큰 회사에서 일하는 샐러리맨도 그래야 한다. 일본은 제2차 세계대전에서 패전하면서 경제를 발전시키는 데에 힘을 쏟았지만, 그들이 이뤄온 군사 문화는 새로운 사회적 구도 안에 그대로 살아 있다.

그럼 한국은 어떠한가? 한국은 외국에게 침략은 많이 받았지만, 내부적으로 군사 문화가 중요한 역할을 하지 않았다. 이 점이 일본과 가장 큰 차이라고 볼 수 있다. 대신에 한국은 비교적 고립된 농업 사회 중심으로 문화가 발달해서 공동체 의식이 강하다. 21세기에도 삭막한 도시 안에 살면서 지역에 마땅한 공동체가 없으면 어딘가에 소속되고 싶어 하고 안정감을 가지려고 한다. 이 공동체에서 가장 중요한 기술은 협조하고 인간관계를 조율하는 것이다. 그리고 내가 생각하기에 한국인이 조율이라는 화두에서 자유자재로 가장 잘 쓰는 도구는 '정'이다. 그래서 한국인은 낙천적이고 서로 공통점을 발견하면 쉽게 친해진다. 나를 지루하게 하는 질문은 그 공통점을 발견하기 위한 도구라고 볼 수 있다.

그런데 한국에서 외국인과 그들의 공통점을 발견해내지 못하면 어떻게 될까? 한국 사람 대부분은 외국인을 보거나 낯선 사람을 처음 만났을 때 이들을 지역별로 나누어 생각하지 않는다. 어렵기 때문이다. 그저 자신만의 기준이 있을 뿐이다. 그래서 사람끼리 친해지기가 어렵고 늘 일정한 거리를 유지하게 된다. 서로 예의를 지키고 같이 일할 수 있지만, 믿음이 얕은 관계가 되어버리는 것이다. 그래서 한국의 정이라는 것은 같은 공동체에 있는 사람끼리 기능하는 것이지, 먼 사람에게는 제 기능을 하지 않는다.

예를 들면 사업가와 고객의 사이가 있다. 이들은 정으로 통하는 관계는 아니다. 먼 사람의 관계이기 때문에 사업가가 고객을 대하는 요령은 일본에 비해 서툴다. 나와 같은 외국인이 일본에서 가게에 들어가면 종업원 거의 모두가 일본어로 인사한다. 그 인사는 일본인 고객에게 하는 것과 차이가 없다. 반면에 한국에서 가게에 가면, 반응이 다양하다. 어떤 때 말 없는 웃음으로 인사하고 어떤 때는 한국어로, 어떤 때는 영어, 그리고 어떤 때는 인사가 전혀 없기도 하다. 그냥 무시한다. 일본의 경우, 종업원은 무사도 때문에 개인적인 판단 없이 누구에게나 성실하게 대해야 된다고 생각하는데, 한국의 경우는 먼 사람 모드 때문에 개별적으로 반응한다고 볼 수 있다. 한국인 손님에게도 대응은 제각각이다.

그런데 재미있는 것은 단골이 된 이후다. 일본은 단골이 돼도 늘 사업가와 고객의 관계이지만, 한국은 먼 사람 모드가 사라지고 정 모드가 작동하기 시작한다. 그렇게 되면 인사뿐만 아니라 잡담, 농담, 살아가는 이야기까지를 나눈다. 서먹서먹한 관계에서 따뜻한 관계로 변한다.

이와 관련해 잊을 수 없는 예가 여럿 있다. 계동에 살았을 때다. 단골 슈퍼 주인 부부는 처음부터 내게 매우 친절했고 인사도 잘 해줬다. 세월이 지나면서 계동이 카페촌으로 모습을 바꿨고, 가게 근처에는 수많은 카페가 생겨났다. 한번은 밤늦게까지 학교에서 일을 하고 집으로 돌아가는데, 그 카페 주인과 슈퍼 주인 부부가 보였다. 길에서 그들에게 인사를 건네자, 주인이 나와서 "막걸리 한잔하시지요!" 하며 나를 카페 안으로 들어가게 했다. 화려한 커피 사업이 끝나고 동네 사람끼리 만든 즉흥적인 모임이었다. 나는 카페 주인, 슈퍼 주인 부부와 처음으로 사적인 자리에서 술을 마셨다. 과음을 하지는 않았고, 밖에서 시간을 오래 보내지도 않았다. 하지만 '동네'라는 공통점을 편안한 분위기에서 공유할 수 있어서 그 후에 더 친밀한 관계로 발전했다.

결국에는 문화 차이를 생각할 때 문화적 상대주의가 중요해진다. 어느 쪽이 더 우수하다고 주장할 수는 없다. 그래서 한국과 일본을 비교하는 일과 관련하여 "어느 나라 더 좋으냐?"라는 질문을 받을 때, 둘 다 좋아한다고 대답한다.

최근에 한국은 변화의 속도가 더 빨라진 듯하다. 그래서 이것도 저것도 아닌 이 복잡한 시대에 더 어울리는 곳이라는 생각을 해본다. 조금 더 이야기할 여유가 생긴다면, 일본은 질서 때문에 여행하기 좋고 쇼핑하기 좋은 나라라고 설명한다. 한국은 사람과 같이 잘 먹고 놀기 좋은 나라라고 대답한다. 이렇게 보면 나는 조용히 있고 싶을 때는 일본이 좋고, 웃고 놀고 싶을 때는 한국이 좋으니까 늘 두 나라가 필요하다. 마음이 항상 왔다 갔다 한다.

1988년의 혜화동,
2012년의 체부동

: 　　　　　1988년과 2012년 사이에는 긴 시간이 흐른다. 그 사이 한국과 내 모습은 많이 변했지만, 변하지 않은 것이 있다. 한옥에 대한 관심이다. 1988년은 역사적인 88서울올림픽이 개최된 해다. 앞에서 이야기했듯이 그 당시 서울은 올림픽 준비와 경제 성장, 민주화 때문에 빠르게 변하고 있었다.

당시 나는 대전에 있는 한국과학기술대학(현 KAIST)에서 영어를 가르치고 있었다. 1988년 가을부터는 고려대학교 영어교육과에서 수업을 할 수 있는 기회가 생겨 서울로 이사할 준비를 했다. 1980년대 초에 서울대학교에서 한국어를 공부하는 동안 약수동에서 지낸 덕분에 서울 시내와 학교로 가는 길을 잘알고 있었다. 서울대학교 어학연구소 한국어 교육과정에서 만난 학생 중에 한국 건축사를 공부하는 니시가키 야수히코라는 일본인이 있었다. 그와 함께 북촌을 자주 산책했다. 조용한 한옥마을을 그가 잘 기억하고 있어서 그랬는지, 먼저 북촌에서 내가 살 집을 찾기 시작했다.

1988년 북촌은 지금과 전혀 달랐다. 한옥들은 1930년대에 지은 모습 그대로였다. 기와 물결을 끊어놓는 빌라나 연립주택도 없었다. 길도 좁았고 곳곳에 있는 가게들은 모두 살림살이와 관련된 것이었다. 신기한 기억은 있다. 현재 사간동에 있는 두가헌이라는 레스토랑의 안채는 예전에 살림집이었다. 부동산 아저씨는 그 집의 부속처럼 있는 작은 한옥을 보여줬다. 당시 집주인은 화장실 시설이 낙후되어서 외국 사람이 살기는 어려울 거라고 말했다. 화장실이 불편한 것보단 큰 도로와 가까워서 사는 동안 시끄러움을 감수해야 할 것 같아, 결국 그 집을 포기했다. 북촌 여기저기를 다니며 살기 마땅한 곳을 찾았지만, 조건에 맞는 집을 만나지 못했다. 그래서 당시 정이 많이 들었던 혜화동으로 갔다.

1980년대 말은 '대학로 시대'라고 할 만큼 소극장 중심으로 문화 활동이 활발했다. 혜화로터리 뒤쪽은 북촌과 마찬가지로 한옥이 많고 조용한 동네였다. 나는 곧바로 마음에 드는 한옥을 찾았다. 재능교육문화센터 자리 뒤쪽에 있는 집이다.

그 집에 대한 기억은 지금도 선명하다. 마루 옆에 있었던 작은 방은 정말 예뻤다. 남향이라 햇빛을 잘 받았고 가을이 깊어갈수록 방은 더 밝아지곤 했다. 지금의 개보수한 많은 한옥들은 마루가 없는 대신에 아파트에서 사용하는 것과 같은 바닥으로 마감되어 있지만, 옛 한옥의 마루는 난방 없이도 따뜻함을 머금을 수 있는 나무 바닥이었다. 햇빛이 반짝반짝하는 나무는 발에 와닿는 감촉도 좋은 느낌을 주곤 했었다. 천장 서까래의 나무도 세련되면서 토속적인 느낌이 났다. 나는 집 곳곳을 느끼며 매우 흥미로웠던 기억이 난다.

집이 언제 지어졌는지는 알 수 없었지만, 상태가 깨끗했고 남향인 방 두 개, 마루, 그리로 부엌으로 구성된 안채를 보증금 1,500만 원에 월세 15만 원을 내는 조건으로 계약했다. 1980년대에는 한 집에 몇 가구씩 사는 것이 보통이었다. 이 집에는 나 이외에 어느 신혼부부와 마산에서 온 총각이 살고 있었다.

처음에는 모르는 사람과 한집에 사는 게 조금 걱정이 됐다. 당시는 지금의 원룸 같은 개념이 없었다. 한옥 또는 양옥에 방을 빌리는 형태였고, 공간을 확보하고 싶다면 집 한 채를 빌리는 방법밖에 없었다. 그때까지는 한옥을 특히 좋아한다기보다는 방 하나가 전부인 양옥보다는 활용할 수 있는 공간이 더 많은 한옥이 가치가 더 있다고 생각했다. 이런 집은 북촌이나 혜화동에 매물이 더 많았다.

나는 안채에 살았다. 부엌 옆방에는 젊은 부부가, 대문 옆에 있는 문간방에는 마산에서 올라온 총각이 살았다. 우리는 의자 위에 TV를 올

려놓고 마당에서 같이 올림픽 경기를 봤다. 또 마치 외국에서처럼 화장실 청소 일정표를 짜서 누군가에게 부담을 지우지 않기로 약속하고 1년 동안 별다른 말 없이 화장실을 깨끗한 상태로 지켜냈다. 사람들의 이런 생활 습관은 나에게 매우 인상적이었다.

집의 마루와 옆에 딸린 작은 방은 정말 예뻤다. 남향이라서 햇빛을 잘 받았고 가을이 깊어갈수록 방은 더 밝아졌다. 요즘 개보수한 한옥 대부분은 마루가 없는 것 같다. 대신에 아파트에서 사용하는 나무 바닥이 많다. 옛 한옥의 마루는 난방시설이 없는 뜨거운 나무 바닥이다. 햇빛을 받으면 반사시켜서 반짝반짝한 빛을 내는 그 나무 마루에 발을 딛으면 기분이 좋아지곤 했다. 천장 서까래의 나무도 세련되면서도 토속적이어서 자꾸 들여다보곤 했다.

그런데 옛날 한옥들은 지금의 말끔하고 편리한 한옥과 다르다. 주로 연탄으로 난방했고 샤워나 목욕 시설이 따로 없었다. 가을이 추워지니까 같이 사는 사람은 내게 번개탄을 사용하는 방법을 가르쳤다. 시간에 맞춰 연탄을 가는 일은 귀찮았지만 그 일에도 흐름이 있어 몸에 익고 나니 수월했고 쉬웠다. 근처에 있는 가게 아저씨는 내게 남보다 번개탄을 많이 산다고 했다. 샤워 시설이 없는 것은 매일 샤워에 익숙한 사람으로서 큰 불편이었다. 매일 목욕탕에 가는 것은 귀찮았기 때문에 집에서 해결할 수 있는 방법을 마련했다. 부엌이 비교적 커서 물을 끓어다

서촌 홀릭

가 아주 큰 함박에서 목욕하는 식으로 씻는 문제를 해결했다. 주말에는 여유 있게 목욕하기 위해 집 근처 목욕탕에 가기도 했다.

학교 생활이 바빠지면서 1989년에는 고려대학교 외국인 교수 숙소로 이사를 갔다. 그렇게 1년간의 한옥 생활을 마쳤다. 몇 년 후에 대학로에서 친구를 만나 그 정든 집을 보여주려고 했는데, 그 자리에 3층짜리 작은 연립주택이 들어온 걸 봤을 때의 충격이란. 그 충격과 슬픔을 지금도 잊을 수 없다. 친구와 집터를 바라보며 골목을 왔다 갔다 하다 다시 대학로로 돌아가 맥주를 한잔했다.

2000년대에는 교토에 있는 50년이 넘는 나무집에 살면서 혜화동 한옥 시절을 가끔씩 생각했다. 그 전에 아시아에서 경험해본 오래된 집은 혜화동 한옥뿐이어서 대조가 됐다. 혜화동 한옥의 나무 마루가 아주 아름다워서 늘 눈길을 빼앗았지만, 교토 집에는 통로와 부엌 기능을 하는 마루가 있었다. 그 집은 타다미 방이 컸지만, 혜화동 한옥은 방이 작았다. 혜화동 한옥의 마당은 크고 화려했지만, 교토 집의 작은 정원은 식물로 가득했다.

그러다 2012년에 다시 본격적으로 혜화동 한옥을 생각하게 됐다. 서촌에 살면서 지역 곳곳에 아직 살아 있는 한옥을 많이 답사했다. 그러다 자연스럽게 혜화동 한옥 이야기도 자주 하게 됐다. 사람들에게 자세히 들려준 이야기를 집에 돌아가 옛 사진과 함께 SNS에 올렸더니 반응이 좋았다. 혜화동 한옥 같은 집들은 이제 역사 속으로 사라졌지만 사진을 여러 사람에게 공유할 수 있어서 좋았다.

2011년에는 서촌 체부동에서 1936년에 지은 한옥을 매매했다. 2012년 가을부터 문화재 보존 전문 건축사와 도편수가 대수선하고 2013년에 겨울에 새로운 한옥 살이를 시작했다. 이 과정 속에서도 옛날 혜화동 집을 계속 생각했다. 그때의 나와 지금의 나, 그때의 한옥과 지금의 한옥. 그때의 아날로그 세상과 지금의 디지털 세상. 옛날, 지금, 그리고 미래에 대한 생각과 기대가 머릿속에서 춤췄다.

혜화동에서 한옥 살이를 해본 경험 덕분에 한옥은 한국 고유의 신비로움이 아니었다. 내 과거의 일부로 느껴졌다. 이런 감정은 매우 반가우면서도 부담이 될 때가 있다. 한옥 살이를 포함해 추억 중에 한옥이 큰 부분을 차지하는 외국인이 많지 않기 때문에, 한국 사람과 외국 사람 모두에게 내가 신기한 존재로 비칠 때가 있다. 그 신기함의 시작은 88서울올림픽이 있던 그해에 만난 혜화동 한옥 덕분이다.

이제 혜화동 집은 내 추억과 옛 사진 속에서만 존재한다. 나이가 들면 들수록 그 추억이 영원하기를 바라는 마음이 커진다. 변화를 많이 봤기 때문에 예측하기 어려운 미래가 부담스러운 것일까? 아니면 나이 덕분에 감수성이 풍부해져서 걸어온 길과 소통하고 싶기 때문일까?

영원히 존재하는 것은 없기 때문에 집착을 버려야 할 것이다. 추억

속에 존재하는 그 집을 기억하며 늘 즐거울 수 있으니 한편으로는 시간
에게 고마운 마음이 든다.

..

건축도 음악처럼

작은 요소가 무수히 존재한다.

한옥, 그리고 사계절의 미학

: 　　　　　　　아버지는 1953년에 대학을 졸업한 뒤 GM사 개발부에 취직했다. 당시 미국은 자동차 산업이 호황이었으며 자동차 개발부는 미시간대학교 이공계 학생들의 꿈이었다. 아버지는 GM사를 다니면서 미시간대학교 음악대학의 파이프 오르간과 교수를 알게 됐고, 그 당시 살았던 디트로이트 교외에서 앤아버를 자주 방문했다. 그 시절에 파이프 오르간과 음악 전반에 대해서 많은 것을 배울 수 있었다고 한다.

　어떤 계기인지 정확하지는 않지만, 1950년대 말에 아버지는 직장을 그만뒀다. 그리고 파이프 오르간을 제작하기 시작했다. 아버지의 전공은 물리학이었고 직접 손으로 무엇인가를 만드는 일을 좋아했다. 아버지는 대학생 때 잠시 휴학하고 할아버지와 할머니 집을 직접 지었기 때문에 복잡하고 큰 프로젝트를 처리하는 능력이 있었다.

나는 1961년에 태어났다. 부모님의 첫 아이다. 당시엔 흑백 TV가 많이 보급되어 있었지만, 우리 집은 무슨 이유에서인지 TV가 없었다. 대신에 좋은 오디오 시스템이 있었고 음반이 많았다. 1966년에 동생이 태어났다. 1년 후에 우리 집에는 흑백 TV가 들어왔다. 부모님은 다른 아이들이 TV를 보며 자라서 남의 시선을 걱정했던 것 같다.

오랫동안 TV없이 살았던 내게는 오디오가 더 중요했다. 초등학교 때 가장 좋아하던 음악은 비발디의 「사계(四季)」였다. 초등학생이 접근하기 쉽고 사계절이 뚜렷한 미시간에 어울리는 음악이다. 나는 그 곡을 너무 많이 들었기 때문에 곡의 섬세한 부분까지도 잘알고 있었다. 바흐의 「토카타와 푸가」도 좋아했다. 베토벤의 교향곡 제5번 다 단조 「운명」도 즐겨 들었다.

지금 생각해보니까 어릴 때 수학과 닮은 점이 많은 음악이 내 생활에 깊숙이 들어와 있었다. 그리고 기계를 통해 음악을 들었기 때문에 소리의 구분과 소리의 구조에 대한 감이 일찍 향상된 것 같다. 나중에 다른 나라의 언어를 배울 때 그 감각이 도움이 많이 된 것이 아닌가 하는 생각도 든다. 새로운 언어를 접할 때는 소리를 먼저 생각하기 때문이다. 지금도 그렇다. 그리고 들리는 소리를 흉내 내려고 노력한다. 프랑스에 갔을 때 일이다. 'bonjour(안녕하세요)'라는 말의 마지막 'r' 발음에 집중적

··

나에게 한옥은 완벽한 작품이다.
나는 한옥에서 질서, 균형, 분명함
그리고 규모를 느낀다.

으로 관심을 가진 적이 있다. 나는 여행 내내 그 소리를 정확하게 내기 위해 부단히 노력했다. 한국어도 마찬가지로 사투리에서 들리는 흥미 있는 소리와 억양을 혼자서 연습해보곤 한다. 대표적인 예는 전라도에서 문장 끝에 사용하는 '엥'의 발음과 경상도 방언의 독특한 억양이다.

음악에 대한 감각 덕분에 건축에도 관심을 갖게 된 것 같다. 무슨 뜬금없는 소리인가, 하고 생각할 사람도 있겠지만 이야기를 덧붙여보자면 이렇다. 건축도 음악처럼 작은 요소가 무수히 존재한다. 이것들이 어우러져 전체적인 구조를 만들어낸다. 비발디의 「사계」가 하나의 완벽한 작품이라면 프랭크 로이드 라이트의 「낙수장」도 마찬가지다. 나에게 한 작품의 완벽함은 아리스토텔레스의 미학론에 따른 '질서, 균형, 분명함' 그리고 '규모'와 관계가 있다.

이런 미학적 관점에서 한옥을 만나게 됐다. 즉, 나에게 한옥은 완벽한 작품이다. 나는 한옥에서 질서, 균형, 분명함 그리고 규모를 느낀다. 한옥의 조화는 매우 뛰어나다. 여기서 문제가 되는 것은 아파트를 포함한 다른 형태의 주거 공간도 다 어느 정도 그 요소들을 갖추고는 있다는 점이다. 그렇다면 한옥과 다른 형태의 주거 공간이 보이는 차이점은 무엇일까?

답을 찾기 위해 비발디의 「사계」에서 도움을 받아보자. 한옥은 다른 주거 공간과 달리 일상에서 사계절을 느낄 수 있다. 자연과 소통하는 집이기도 하다. 한옥의 사계절은 비발디의 「사계」처럼 분명하면서 질서와 균형이 공존한다.

한 해를 여는 계절은 한겨울이다. 1월과 2월에 만나는 한옥의 겨울은 밝고 조용하다. 햇빛이 집 깊숙이까지 들어오기 때문에 집 전체가 밝다. 완전히 남향인 집은 더욱 그렇다. 동향이나 서향인 집도 햇빛을 잘 받는다. 그리고 겨울은 추우니까 창을 닫아두기 때문에 외부 소음이 잘 들어오지 않는다. 골목과 마당에 눈이 쌓이면 더욱 그 조용함이 깊어진다. 제일 조용한 때는 함박눈이 수북하게 내리는 한겨울 밤이다. 그때의 고요함은 경이롭기까지 하다.

겨울의 한옥은 춥지만 온돌이 있어서 추위를 이겨내는 방식이 서양 사람에게는 독특하게 느껴진다. 미국의 집들은 온풍 중심이다. 방마다 난방이 잘되어 있고, 집 자체가 단열 기능이 뛰어나다. 그런데 겨울에 발바닥이 항상 시렵기 때문에 몸이 늘 춥다. 일본의 집은 중앙난방 자체가 없어서 바깥 온도가 영상 10도라고 하더라도 집 안의 기온은 낮고 춥다. 한옥은 발바닥이 따뜻하기 때문에 외풍만 잘 막으면 추위를 심하게 타지 않는다. 즉, 한국은 '난신(暖身)', 미국은 '난공(暖空)', 일본은 '개별 난신'이라는 개념으로 집을 파악할 수 있다.

2월 중순부터 해가 길어지면서 봄이 오는 것이 느껴진다. 집 안으로 드는 빛도 줄어든다. 3월이 되면 기온이 오르면서 봄이 오고 있음을 본격적으로 알린다. 따뜻한 계절을 맞이하면서 집이 조금씩 어두워지고 있다는 것을 지켜보면 내심 서운하기도 하다. 하지만 부담 없이 문을 열어둘 수 있고 마당은 활용하기 편해지고 겨울 내내 소식을 감추었던 새들도 아침에 떠들기 시작한다. 그 반가운 소리가 마당을 통해서 집 안으로 들어온다. 온도가 계속 올라가면 마루에 앉아 잡초를 볼 수 있게 된다. 흙 마당은 특히 그렇지만, 꼭 흙이 있지 않더라도 작은 틈에서 잡초가 삐죽 나오기 시작하는 모습을 볼 수 있다. 그중엔 꽃을 피우는 것도 있다.

늦은 봄이 되면 햇빛이 거의 집 안으로 들어오지 않는다. 마루에 앉아 공기에 습기가 오르고 있음을 느꼈다면, 곧 여름이 온다는 신호를 알아챈 것과 다름없다. 이때는 마당에서 작은 파티를 하거나 아침에 조용히 모닝 커피를 하기 좋다.

여름에도 계절의 미묘한 변화를 느낄 수 있다. 6월에는 낮이 길고 맑은 날이 많아 마당이 화사하다. 일교차가 아직 있기 때문에 저녁에 마당으로 친구들을 불러다 막걸리와 삼겹살을 함께 먹기 좋다.

장마가 시작되면 비 때문에 마당을 활용하기 어렵지만, 집 안에서 비 오는 소리를 듣는 일은 매우 낭만적이다. 바쁜 일상에서 마음에 쉴 틈이 생긴다. 장마 때는 습하기만 해서 불편하지 않느냐는 질문을 받는데, 그렇지만은 않다. 장마 때는 집의 온도가 그리 높지 않기 때문이다. 그게 생활에 장점이 된다. 가끔 보일러를 1시간 정도 틀어두면 집의 냉기와 습기를 제거할 수 있다.

장마가 끝나면 낮이고 밤이고 온도가 갑자기 오른다. 한옥은 기본적으로 좌식 생활을 하기 때문에 시원한 땅과 접촉을 함으로써 한여름의 열기를 피할 수 있다. 한낮에 제일 더울 때는 날씨나 햇빛 상태에 따라 문을 잘 열어두면 맞바람이 쳐서 더위가 식는다. 이때는 매미의 울음소리가 가장 많이 들린다. 8월 말이 되면 조금 더 잠에 들기 쉬운 계절이 된다. 동시에 한 해가 깊어진다는 것을 느끼게 된다. 가을을 위한 마음 준비가 시작되는 것이다. 이때쯤 매미 소리가 조용해지고 저녁부터 귀뚜라미의 울음이 깊어간다.

9월, 가을에 한 발 더 다가가면 밤의 기온이 낮아져서 계절이 바뀌었음을 단박에 알 수 있다. 낮은 아직 덥지만, 습도 때문에 여름에 잘 열지 못했던 창문을 다시 열 수 있다. 여름에 집 안에서 자취를 감췄던 햇빛도 툇마루에서 조금씩 모습을 드러낸다. 갈수록 습기가 사라져서 시원한 바람이 불고 집이 아주 쾌적해진다. 산 속에 사는 듯한 청량감이라고 표현해도 모자람이 없다. 하늘이 높고 깨끗해서 마당의 존재감이 유난히 커지는 때도 가을이다. 모임을 하거나 일을 하기에도 적합한 때다.

10월 말을 지나 11월 초가 되면 햇빛이 다시 집으로 깊숙하게 들어온다. 온도도 많이 내려가서 창을 열어놓기 어려워진다. 새 소리와 벌레의 울음은 거의 사라지면서 높고 예뻤던 하늘은 인제 조금 쓸쓸하게 보이고, 한 해가 거의 끝났다는 느낌이 든다. 11월에 첫눈을 가져오는 갑작스러운 한파가 오면, 한순간에 가을은 겨울이 되고 사계절의 순환이 다시 시작된다.

물론 다른 형태의 집에서도 사계절을 느낄 수 있다. 그런데 대부분은 계절을 피부로 느끼는 것이 아니라 관찰하는 데에 더 가깝다. 미국을 예로 들자면, 집 대부분이 주위에 자연이 가득한 박스 형태로 지어진다. 집은 외부와 자연스럽게 단절된다.

한옥은 반대로 마당이 있기 때문에 자연스럽게 자연이 집 안으로 끌려 들어오는 셈이다. 그리고 한옥이라는 집 그 자체가 자연 소재인 나무, 흙, 돌, 그리고 종이로 만든 집이라 살면서 무의식적으로 자연에 마음을 열게 되고, 계절의 변화를 느끼게 된다.

물론, 한옥에도 불편함은 있다. 내가 한 이야기들을 거꾸로 뒤집어보면, 한옥은 자연과 소통하는 집이라서 불편하다. 자연이 생활 공간에 들어오기 때문에 겨울은 춥고 여름은 덥다. 그뿐인가, 장마 때는 마당이 무용지물이다. 아파트 크기를 고려해서 만들어진 가구를 들여놓으면 어쩐지 버거워 보여서 집 크기에 맞는 작은 가구들을 들여야 한다. 그러면 집이 비좁다는 느낌이 없다. 집에 사람이 없을 때 택배 받기도 무척 곤란하다. 그럴 때를 위해 가까이 있는 단골 가게와 좋은 관계를 유지해둬야 한다. 그래야 대신 택배를 받아주기 때문이다. 이것만 해결된다면 택배 때문에 속 썩는 일은 없어진다.

한옥이 불편한 이유에서 가장 큰 비중을 차지하는 부분은 추위다. 하지만 이것은 한옥만의 문제라기보다는 단독주택이라면 모두가 가진 일반적인 현상이다.

이렇게 세세히 한옥에서의 삶을 보면, 자연과 소통하는 한옥은 인간에게 물리적인 편리함보다는 정신적인 안정을 준다. 한옥에서 사는 일 자체가 몸은 좀 불편하더라도 마음의 안정을 위한 선택에 더 비중을 둘 때 가능해진다. 편안함을 얻기 위해서 다소 물리적 불편함을 안고 살기를 선택한 것이다. 결국 나에게 한옥은 집보다 각박한 일생에서, 비발디의 「사계」처럼 화조풍월(花鳥風月)을 즐거워하는 법을 가르쳐주는 스승이다.

..

서울에 살면서는 생활이 바빠졌다.

그렇게 바쁘게 사는 와중에도 계속 지방에 대한 호기심이 사그라들지 않았다.

내가 가장 처음 만난 한국, 부산이 생각났다.

가능성을 보여준 두 도시

:   2008년 가을. 다시 서울 살이를 시작했을 때, 가을이 깊어질 무렵부터 지방과 중심 도시에 대해 생각하게 됐다. 13년을 일본에서 살았지만 한 번도 도쿄 생활을 해보지 못했기 때문이다. 내가 살았던 곳은 교토, 가고시마, 그리고 구마모토였다.

교토 사람은 자신의 지역이 지방 도시라고 생각하지 않는다. 하지만 일본의 경제적, 정치적 구도를 놓고 보면 지방 도시가 맞다. 반면에 가고시마 사람과 구마모토 사람은 자기가 사는 도시가 지방 도시라고 자연스럽게 생각한다. 그리고 한국의 지방 도시에 사는 사람들과 똑같이 그게 대한 자부심과 열등감을 동시에 갖고 있다.

서울 살이를 하기 전, 내가 마지막으로 일본에 거주했을 때 내가 살던 집은 일본 열도 끝에 위치한 가고시마에 있었다. 학회 때문에 출장이 많았다. 규슈 지역 학회는 주로 후쿠오카에서 열렸고 전국 학회는 도쿄 또는 지역 중심의 큰 도시에서 열렸다. 가고시마대학교에서 교양 한국어를 담당했는데 그 와중에 일본 대학 입학 시험인 센터 시험의 한국어 과목 출제 의원을 해달라는 요청을 받고, 그 덕에 도쿄 출장이 잦아졌다. 교토에 살 때도 센터 시험의 영어 듣기 과목(한국과 달리 필기와 듣기는 두 과목으로 나뉘어 있다) 출제 위원도 했기 때문에 도쿄 출장도 많았다. 몇 년 동안은 출장의 연속이었다. 그래서 이동하는 것에 큰 거부감이 없을 정도로 익숙해졌고, 어딘가에 갈 때마다 늘 새로운 발견이 있어서 기분 전환이 되곤 했다.

그런데 서울에 살면서는 출장이 없어졌다. 대신 생활이 바빠졌다. 전화가 많이 왔고 주말에는 누군가를 만날 일이 많았다. 그 사이에는 크고 작은 행사가 있었다. 그렇게 바쁘게 사는 와중에도 계속 지방에 대한 호기심이 사그라들지 않았다. 나는 주변 사람들에게 가고시마에 대해 이야기하면서 자연과 가깝고 살기 편한 지방 도시를 그리워했다. 그리움이 커져도 서울 살이는 계속 바빴다.

세월이 빨리 흘려간다. 특히 한국에서는 더 그렇다. 서촌을 통해 한옥 보존 문제와 난개발에 대해서 고민하면서 도시문제에 관심을 갖게 됐다. 2011년 봄부터 주민 활동이 바빠지면서 더욱 그랬다. 다른 지역이나 다른 도시의 오래된 동네가 어떻게 되어가는지도 궁금했다. 서촌과 꼭 비교할 필요는 없지만, 서촌의 문제가 특수한 건지 아니면 보편적인 지를 알고 싶었다. 그래서 방학이 되자마자 부산과 대구를 가봤다.

부산을 먼저 찾았다. 다른 지방 도시에 비해서 부산을 잘아는 편이다. 1982년 8월 초에 일본 시모노세키에서 배를 타고 부산항에 도착했다. 선박 터미널에서 택시를 잡아 부산역까지 갔고, 이곳에서 서울로 가려고 했다. 내가 가장 처음 만난 한국은 부산이었다. 차분한 일본에 비해서 활기가 넘치는 부산이 마음에 들었다. 그 후에 바다 때문인지 만나는 사람의 열린 태도 때문인지, 나는 이곳에서 항상 해방감을 느꼈다. 그리고 일본식 카레라이스나 돈까스를 먹고 싶을 때 부산만큼 적당한 곳도 없었다.

이번 부산 방문에서는 바다나 화려한 관광지보다 오래된 동네를 보고 싶었다. 가장 오래된 상업지인 남포동을 보러갔다. 학회 때문에 2008년 6월에 일본에서 바다를 건너 3박 4일 동안 부산에 머문 적이 있다. 그때 본 남포동은 많이 쇠퇴했기에 분위기가 썰렁했지만, 불과 3년 후에 활기를 다시 찾은 것을 보고 깜짝 놀랐다. 국제시장이 특히 인상 깊었다. 2000년대 일본에서 유행한 '도심회복(都心回復)'이라는 말처럼, 시장이 활성화됐기 때문이다.

사람으로 북적북적한 국제시장을 지나 보수동 헌책방 골목에 도착했는데, 책방이 아직 많이 남아 있어서 정말 반가웠다.

1980년대와 90년대에 가본 기억이 전부고, 인터넷 서점이 생긴 뒤의 첫 방문이었다. 도착하기 전까지는 그저 보수동엔 작은 헌책방이 많다는 기억이 전부였는데, 다시 가보니까 옛날보다 정리가 잘된 가게도 있었고 도쿄 진보초에서 찾을 수 있는 전문성이 높은 가게도 있었다. 카페들이 생겼지만 심한 정도는 아니었다. 2시간 정도 책을 두루 보다가 카페에서 쉬고 또 1시간 책을 보니 오후가 다 갔다. 중간에는 가게 주인들과 즐겁게 인사를 나누기도 했다.

국제시장으로 다시 가서 밀면을 먹고 밤에는 시원해진 남포동을 산책한 뒤 호텔로 돌아갔다. 보수동은 한국에서 유일하게 규모가 큰 헌책방들로 이뤄진 거리가 있다는 점이 흥미로웠다. 옛날에 서울에는 청계천 주변으로 헌책방이 모인 골목이 있었다. 하지만 보수동처럼 편안한 분위기도 아니었고 청계천 복구 사업이 진행되면서 가게가 많이 사라지고 말았다. 다른 도시에도 헌책방은 있지만, 보수동처럼 밀집된 곳은 없는 듯하다. 무엇보다도 '서울 대 지방'이라는 논의를 진행하려는 사람의 입장에서 보수동은 굉장히 가치가 있다. 그 지속성은 서울에서는 발견하기 어려운 것이다. 없는 것이다. 인터넷 서점이 대세인 시대에서 그렇게 많은 헌책방이 버티는 것은 참으로 대단한 일이다. 그런 의미에서 보수동은 전 세계를 통틀어 찾아보기 어려운 우수한 사례라고도 할 수 있다.

다음 날 아침에는 대구로 출발했다. 부산과 달리 대구는 놀러간 적이 없고 잘 모르는 도시였다. 대구 출신인 몇 사람에게 "대구에 볼 것이 있나요?"라고 물었더니 다들 웃으면서 "없어요"라고 대답했다. 설마 정말로 없을까? 반신반의하면서 미리 인터넷을 통해 조사를 해봤다.

관광지가 아니기 때문에 정보가 산만해서 내게 유용한 정보는 찾기가 어려웠다. 하지만, 일단 구도심에서 경상감영 객사, 대구근대역사관, 대구 한약재 도매시장, 선교사가 살던 집, 오래된 성당과 교회, 이상화 고택, 그리고 진골목 정도를 추려봤다. 한국의 역사를 공부하면서 경상감영 객사를 들어본 적은 있는데, 나머지는 전부 처음 들어본 것이었다.

그날은 많이 흐렸다. 곧 비가 올 것 같은 느낌이었다. 동대구역에서 내려 바로 지하철을 타고 시내로 향했다. 먼저 경상감영 객사를 보고 대구근대역사관을 둘러봤다.

대구근대역사관의 흥미 있는 점은 일제강점기에 대한 내용을 중심으로 전시가 채워졌다는 것이다. 2008년 6월에 구경한 부산근대역사관도 그랬지만 부산의 역사가 일본의 한반도 침략과 밀접한 관계가 있어서 당연한 일이라고 이해했다.

대구는 경상감영 객사가 있어서 조선시대에 중요한 지방행정 도시였다. 반일 감정을 잘 활용한 박정희 대통령의 고향임에도 불구하고 그 역사를 부정하지 않고 그대로 도시사로 인정한 점이 인상 깊었다. 두 도시는 서울과 달리 조선시대의 역사보다 일제강점기와 개화기를 서사의 중심으로 두었다. 이것은 서울에 집중된 주류의 권력이 주도하는 공식적 역사 서사와 차이를 보였다. 물리적으로 거리가 있어서 자유가 생겼기 때문에 가능한 것이 아닐까 하고 생각해봤다. 한국에서 성향이 조금씩 다른 역사적 서사가 존재한다는 것은 의미 있는 발견이었다.

그다음 진골목을 찾으러갔다. 대구근대역사관에서 조금 걸어야 할 거리였는데 남포동과 달리 주변이 낙후된 흔적이 많이 보였다. 그날은 비가 왔고 날씨 때문이었는지 사람이 별로 없었다. 사람의 발길이 뜸하고 동네 자체가 사람의 손길이 닿는 생생함을 발산하지는 않았지만 옹기종기한 매력이 있는 골목을 만났다. 나는 그곳에서 덩치가 꽤 큰 한옥도 몇 채 발견했다. 대구에도 한옥이 있을 거라고는 생각하지 못했기 때문에 이런 동네에서 한옥을 본다는 것은 내게 보람 있는 발견이 됐다. 진골목을 찾아 걷는 동안 서촌의 체부동과 누하동의 기다란 골목이 떠올랐다. 무엇보다 골목의 정취와 고요함이 가슴을 시원하게 뚫어주는 것 같았다.

본격적으로 비가 내리기 시작했다. 나는 인터넷에서 찾은 옛날식 다방인 미도다방으로 갔다. 한복 입은 주인 아저머니가 나와서 안내해주며 짙은 대구 사투리로 인사했다. 웃고 큰 소리로 대화하는 어르신 손님이 많아서 대구 사투리 교실 같았다. 나는 그곳에서 에너지를 잔뜩 받는 것 같아 행복했다. 대추차를 시켰더니 옛날식 생강 과자도 나와서 기뻤다.

천천히 대추차를 마시면서 대구 사람들이 왜 대구가 볼 것이 없다고 여기는지 생각해봤다. 1980년대부터 아파트가 주거문화에서 주류로 자리잡게 되면서 쉽게 그리고 싸게 집을 지을 수 있는 부지가 필요했을 것이다. 이는 복잡한 시내보다 도시 외곽에서 해결하기가 좀 더 수월했을 것이다. 외곽에 큰 아파트 단지가 자리를 잡으면 여기에 어울리는 공공 시설과 상업 시설도 필요해진다. 1990년대에 분당과 일산을 만들면서 '신도시'라는 말이 유행했고, 도시를 개발해나가면서 한국 곳곳의 대도시 주변에는 신도시가 생겼다. 아파트가 주류인 만큼 주류나 주류가 되려고 하는 사람들이 신도시로 이동했다. 서울 도심에는 문화 시설과 관광지가 많기 때문에 상대적으로 타격을 덜 입었지만, 지방 도시의 경우 신도시가 새로운 도심이 되면서 구도심이 거의 죽었다. 2000년대에 들어오면서는 거세게 불었던 재개발 바람 때문에 일부러 도심을 낙후하게 만드는 경우도 많았다. 즉, 도심의 건물이 낙후되고 사람이 찾아오지 않는 현상을 재개발이 필요하다는 명분으로 활용한 것이다.

미도다방을 나왔을 때는 비가 거의 그쳤다. 나는 한약재 도매시장을 거쳐 이상화 시인이 살았던 집으로 향했다. 이상화 시인의 시를 잘 몰랐지만 집이 한옥이었기 때문에 꼭 보고 싶었다. 집을 천천히 둘러보는 동안 나는 놀라움을 금치 못했다. 그의 집은 본채가 서울에 있는 한옥과 달리 일자(一字)형이었다. 서울에 있는 한옥은 주로 ㄱ자, ㄷ자, 또는 ㅁ자 구성이다. 하나 더 흥미 있는 것은 툇마루 앞에 창살이 거의 없는 유리창이 있고 툇마루 뒤에는 한지 창이 있는데, 이 구성에 따라 툇마루가 실내 통로의 기능을 하고 있다는 점이었다. 이런 집은 일본에서 흔히 찾을 수 있는 엔가와와 아주 유사하다. 이 집은 1930년에 지은 집인데, 당시 일본의 영향을 받은 건지 알 수 없지만, 유리창은 같은 시기에 서울이나 전주에서 지은 한옥과 같았다.

그런데 더 흥미 있는 것은 북촌과 이상화 시인의 생가가 한옥을 유지하는 방식이었다. 2001년부터 시작된 북촌한옥보존사업은 전통, 즉 조선시대의 미학을 강조한다. 때문에 창살이 빽빽한 모양을 선택하고 한지가 붙은 유리를 활용했다. 엄격한 건축 보존 입장에서 보면 북촌은 보존보다 복구 또는 복원이라고 할 수 있다. 이것은 역시 일제강점기 흔적을 없애기 위한 것이기도 하다. 대구는 정치적 의도로 역사를 무시할 필요가 없었기 때문인지, 이상화 시인이 살았던 시기의 모습대로 집을 보존하는 데에 초점을 두었다.

대구와 라이벌 관계인 부산을 생각하면서 도시 재생의 가능성을 보았다. 서울은 높은 부동산 가격 때문에 헌책방처럼 겨우 버티는 가게가 존재하기 어렵고, 미도다방과 같은 오래된 가게도 유지하기 어렵다. 서울은 결국 뉴욕이나 런던처럼 새로운 것에 참여하기보다 그 시장성이 있는 새로운 것을 패션처럼 소비하는 보수적인 도시다. 부산과 대구는 시장성이 떨어지는 주류가 아닌, 문화가 존재할 수 있는 열린 도시라고 할 수 있다. 서울에서 무시당한 지방 도시의 가능성을 발견한 나는 짧은 여행을 마치고 행복한 마음으로 서울로 돌아왔다.

가을 학기가 시작된 후에는 수업으로 바쁘게 살았기 때문에 지방에 갈 기회가 없었지만, 늦가을에 서촌에 사는 젊은 건축가 친구와 같이 인천 배다리에 갔다. 그 친구는 대학생 때 배다리에서 현장 조사를 한 경험이 있어서 이곳을 잘 알고 있었다. 나는 서울의 오래된 지역에 대한 감각은 있었지만 인천은 거의 가보지 않아서 감이 없었다. 차이나타운, 자유공원, 월미도 정도를 알고 있었다. 내 눈에 인천은 지방도 아니었지만, 서울 같은 도시도 아니었다. 어떻게 보면서 미국 대도시 주위에 있는 특색이 없는 교외와 같았다.

배다리에 가는 동안 친구는 배다리가 옛날에 헌책방 거리였기 때문에 인천 시민이 다 아는 동네이며, 최근에 순환도로 공사 계획과 재개발 때문에 위기에 빠졌다고 알려줬다. 우리는 친구가 아는 헌책방을 찾아 주인과 인사를 나누고 동네의 역사와 현황에 대한 이야기를 흥미 있게 들었다. 그러고는 배다리를 천천히 답사하고 인천 시내까지 여유 있게 살펴봤다. 답사한 곳 대부분은 재개발을 하려다가 당시 부동산 불경기 때문에 공사를 멈춘 상태였다. 주거 환경이 매우 열악해 보였다. 긴 답사를 마치고 인천답게 배다리에서 가까운 중국 음식점에서 식사를 하고 헤어졌다.

배다리를 답사하는 동안 헌책방 몇 곳을 봤다. 부산 보수동 생각이 났다. 다른 가게도 있었지만, 빈 가게도 많아서 부분적으로 대구와 비슷한 느낌이었다. 가장 흥미로운 곳은 스페이스빔이라는 공간이었다. 일제강점기에 지은 막걸리 공장 건물이 복합 문화 공간으로 변신한 곳이었다. 그런데 돈을 많이 들여 화려하게 수리한 것이 아니라 있는 그대로를 지키면서 다양한 용도로 장소를 활용하고 있었다. 지역 주민과 같이 미술 활동도 하고 전시도 열고, 강의와 특강도 하고 있었다. 서울에서 비슷한 복합 문화 공간을 몇 번 봤지만, 대부분 건물주의 놀이터 같은 느낌이었다. 그런 곳의 주인은 주로 미술계 유학파였다. 그들은 공간을 운영하면서 공동체에 공헌하는 것은 분명하지만, 유기적으로 공동체와 소통이 잘 안 되는 경우가 많이 보였다. 그런데 스페이스빔은 다른 것 같았다. 그래서 나는 큰 매력을 느꼈다.

2012년 봄, 배다리 답사 내용을 왕립아시아학회 한국지부(Royal Asiatic Society Korea Branch)에 공유했다. 이후에 30여 명을 배다리에서 차이나타운까지 안내했다. 인천에 갈 때마다 스페이스빔에 들렀더니 자연스럽게 운영자인 민운기 대표를 알게 됐다. 배다리의 역사와 가치에 대한 이야기를 나눴다. 그 와중에 영화관광경영고등학교에서 국어를 가르치는 이성진 교사도 알게 됐다. 이성진 교사가 지역 역사를 구석구석까지 잘 알고 있어서 동네를 조금만 산책해도 배울 것이 많았다.

인천이 서울과 가까워서 환기가 필요할 때마다 배다리에 갔다. 배다리를 아는 사람이 조금씩 늘었지만 서촌과 같은 뜨는 동네나 익선동과 같은 '언젠가 뜰' 동네와 다른 느낌이었다.

배다리 한복판에는 순환도로가 되려다 만 빈터가 있었다. 그곳은 서울에서는 볼 수 없는 또 다른 개발의 상처였다. 주민의 반대로 일단 공사를 멈췄고 주민은 그 빈터를 도시 농장으로 바꿔 잘 활용하고 있어서 인상 깊었다. 서울은 정치인의 업적으로 작은 텃밭을 지원하지만, 인천은 주민이 싸워서 만들었고 계속 노력하며 터를 지키고 있다. 스페이스 빔도 동네 헌책방도 스스로 잘 버티고 있다. 스스로 노력하는 것을 보고 한국 민주주의의 가능성을 느끼기도 했다. 배다리는 해방의 공간뿐만 아니라 희망을 심어주는 고마운 곳이다.

대중문화는 국가 브랜드가 될 수 없다

: 　　　　　　　2009년에 국가 브랜드 위원회에 소속된 외국인 자문회에 참여하게 됐다. 이 자리에서는 국제적으로 한국이 가진 이미지가 어떤지, 한국과 일본은 무엇이 같고 다른지 등에 대한 거창한 이야기가 많이 나왔다. 회의에 참여할 때마다 유익한 자료를 많이 받았고 집에서 흥미롭게 읽었다.

이미 한류가 유행하던 시기였다. K-pop이 아시아 곳곳에서 뜨겁게 사랑받기 시작한 때라서, 많은 사람이 대중문화를 통해 한국에 대한 인지도가 오르기를 희망했다. 그런데 나는 그런 주장을 접할 때마다 늘 마음에 걸리는 질문이 있었다. 그 질문은 바로, '한국의 대중문화가 국가 브랜드로 이어질 수 있을까?'였다. 만약 가능성이 있더라도 '정부가 상업성이 짙은 대중문화를 국가 브랜드로 지정하는 것이 마땅할까?'라는 의문이 들었다. 늘 쉽게 대답하기 어려운 것 같다고 생각했다.

가고시마대학교에서 한국어를 가르치는 동안 한국 드라마에 빠진 학생을 많이 봤다. 하지만 그 드라마를 보는 사람이 작품과 국가 브랜드를 동일시하는 것 같지는 않았다.

나는 고등학교 1학년을 마치고 여름방학을 일본에서 보냈다. 대학을 졸업한 후에는 서울대학교에서 한국어를 배웠다. 어렸을 때부터 한국과 일본 두 나라를 계속 생각할 수밖에 없는 환경에서 살아왔다. 일본에 있을 때는 한국을 생각하고, 한국에 있을 때는 일본을 생각했다. 두 나라와 관련해서는 사람들에게 질문도 많이 받았다. 그러는 동안 명확하게 알게 된 것이 있다. 일본은 나라가 가진 뚜렷한 이미지가 있는데, 한국은 그런 점에서 아직 보완할 부분이 많다는 것이다. 외국에서는 "코리아"라고 말하면 오히려 북한이 가진 신기한 이미지를 떠올리는 사람이 많을 정도로 한국의 존재감이 굉장히 약하다.

2014년, 고향에서 가까운 디트로이트 공항에서 집까지 택시를 탄 적이 있다. 택시 기사는 파키스탄에서 이민을 온 사람이었다. 그가 남한과 북한을 구별할 줄 몰라서 나는 집까지 가는 35분 동안 꼬박 그 차이를 설명해줬다.

왜 이런 일이 생겼던 것일까? 이유는 세세하게 설명하려면 이야기가 길어지고 복잡해진다. 하지만 그중에 가장 큰 원인을 꼽아보자면 역사

서촌 홀릭

때문이다. 일본은 메이지유신부터 국제 무대에서 독립적 국가로 활동한 반면, 한국은 대한제국 때 잠시 국제 무대에서 활동한 것이 전부다. 일제강점기 때 일본의 제국주의로 인하여 그 활동을 못 하게 됐기 때문이다. 독립을 한 뒤에는 한국전쟁 때문에 그 길이 가로막혔다. 그 후 한국은 1987년까지 군사 독재가 나라를 지배했고, 북한은 지금까지 김일성 일가의 국가로 지낸다.

더 중요한 것은 서양 문화와 자국의 고유 문화를 포용하는 방식이다. 일본은 서양 문화를 포용하면서도 자국 문화를 지키려는 노력이 보편적이다. 서양 사람들에게 접근하기 쉬운 방식으로 자신들의 존재를 간단하게 알리는 아주 신비로운 나라이기도 하다. 하지만 한국은 그렇지 않다. 서양 문화를 포용하기보다는 이용하려고 한다. 그러면서 자국 문화도 성실하게 지키지 않는다. 그래서 서양 사람들이 보기에 한국의 역사는 접근하기 어렵고 불안하며 이해하기도 어렵다.

북한은 좀 다르다. 서양 문화, 특히 미국 문화에 대한 적대감이 있다. 그러면서도 독특한 자국 문화를 만들어낸다. 공격성과 적대감 때문에 서양인들은 북한을 무서운 나라, '이단'의 나라라고 생각하는 편이다.

여기서 중요한 것은 사회에서 어느 계층이 한국의 문화에 접근하고 싶어 하는지를 아는 것이다. 소위 말하는 사회 지도층, 즉 오피니언 리더의 역할이 매우 중요하다.

..

한국은 자국 문화도 성실하게 지키지 않는다.

그래서 서양 사람들이 보기에 한국의 역사는 접근하기 어렵고 불안하고

이해하기도 어렵다.

일본을 여행하면서 19세기 말부터 20세기 초반에 외국인 관광객이 자주 찾은 호텔과 숙박업소들을 알게 됐다. 닛코에 있는 가나야호텔의 경우 알베르트 아인슈타인과 헬렌 켈러 같은 유명한 사람이 숙박했다는 기록이 있다. 이렇게 보면 일본은 일찍부터 서양의 지도층과 교류가 활발했음을 알 수 있다.

메이지유신 체제가 정립이 되면서 나라 개발을 위해 일본은 외국인 전문가를 많이 고용했다. 삿포로의 도시 계획을 맡은 사람은 호라스 캅런이라는 미국인이다. 현 도쿄대학교의 전신인 제국대학에 재직한 교수 대부분은 외국인이었다. 그리고 일본 판화와 건축을 좋아했던 미국의 유명한 건축가 프랭크 로이드 라이트가 도쿄에서 유명한 제국호텔을 설계했다. 공사 기간 중에는 일본 지도층과도 많은 교류가 있었다. 당시 오쿠라 기하치로의 집에 머물면서 오쿠라가 경복궁에서 가져온 자선당에서 숙박하고 처음으로 온돌을 접했다고 한다. 이는 라이트에게 엄청난 발견이었다. 미국에 돌아와서는 콘크리트에 온수 파이프를 심어 온돌 방식으로 유소니언을 집에 만들었다. 라이트가 사회 지도층이었기 때문에 일본에서 배운 것을 미국에 보급할 수 있었다.

1930년대에 이어진 파시즘, 제2차 세계대전을 통해 일본은 미국과 적이 됐지만, 1945부터 사회 지도층 중심의 교류는 다시 시작됐다. 미국은 일본을 자기편으로 두려 했고, 일본은 경제를 살리기 위해서 미국과 협력할 수밖에 없는 상황이었다. 그래서 서로 평화적 태도를 유지했다. 일본에서는 평화 교육이 시작됐다. 미국에서는 명문 대학 중심으로 일본어와 일본에 대한 학문이 발달하기 시작했다.

이런 흐름은 1950~60년대에 고학력층에게 일본 영화, 일본 문학, 일본 건축 등이 많이 소개되면서 좀 더 활성화됐다. 조지 넬슨이나 러셀 라이트 같은 디자이너가 일본의 전통 건축이나 디자인에서 영향을 받았다. 그들은 일본 고유의 감수성이 깃든 제품을 개발했으며, 이런 흐름은 미국 디자인 산업에도 영향을 줬다. 미국과 일본은 이렇게 서로 이해하면서 전쟁의 앙금을 털어내기 위해 노력했다. 그리고 이상주의를 바탕으로 문화 교류를 진행해왔다.

반면, 한국은 나라를 홍보하는 수준으로 한국 알리기를 진행해왔다. 내가 생각하는 문제의 핵심은 이런 부분이다. 이러한 형태의 한국 알리기는 한국 사람이 자기 나라를 어떻게 보여줄 것인지를 먼저 정하고 다른 나라의 사람들에게 소개하는 행위다. 예를 들면, 한국 사람은 동해 명칭, 독도 문제, 그리고 위안부 문제가 중요하다고 생각한다. 그리고 그 생각대로 한국의 입장을 널리 알리려고 노력한다. 여기서 문제가 되는 것이 있다. 한국 사람이 생각하는 한국 문화와 외국인이 생각하는 한국 문화에 차이가 있을 수 있다는 것이다. 프랭크 로이드 라이트의 경우 오쿠라 집에 머물면서 온돌을 발견했는데, 일본 사람의 자국 홍보에 과연 온돌이 포함되어 있었을까? 라이트가 직접 일본에 가서 누군가와 교류했을 때 알게 되었던 것은 아닐까? 이것이 바로 이야기의 핵심이다.

한국 사람과 외국 사람이 한국 문화를 볼 때 가장 큰 차이점을 보이는 부분은 유교 사상이다. 최근에 많이 달라졌지만, 한국 사람은 유교 사상을 사회 전반에서 강조하는 편이다. 삼국시대까지만 해도 유교 사상이 중시되지 않았다. 남성과 여성의 차이에 대해 강조하지 않았던 한반도에서, 조선시대에 받아들여진 유교 사상이 이렇게까지 뿌리 깊게 자리 잡을 수 있었던 이유는 무엇일까? 나는 그 이유에 대해 이렇게 생각해봤다.

현대의 한국은 자신들의 전통을 이야기할 때 조선시대 문화를 중심에 둔다. 물론 설과 추석처럼 삼국시대 이전부터 전해 내려온 명절을 중요하게 생각하는 전통문화도 있다. 하지만 한국이 근대 사회를 열면서 옛것을 지키려고 노력하는 전반적인 성향은, 자신들의 전통문화를 잘 이해하고 있기 때문이 아니다. 일제강점기의 정서적 잔해 때문이다. 조선을 억압한 일본은, 유교 사상은 낡은 것이라고 강조하면서 한국의 수많은 문화적 재산을 파괴했다. 그 잔재가 정서에 남아 있어 반대급부로 조선시대가 끝날 때까지 존재했던 특정한 문화와 정서들이 고집스럽게 지켜지는 것이다. 특히 한국 내에서 문화를 복원하려는 노력들을 살펴보면, 그 기준이 조선시대에 집중되어 있어 더더욱 그런 생각을 하게 된다. 한국이 일제강점기를 지나 한국전쟁을 끝낸 뒤, 남한의 군사독재 정권은 국민의 단합을 위해서 유교 사상을 강조했다. 북한은 반대로 조선시대가 봉건의 시대라고 했다. 그 뒤로 두 국가는 조선시대를 다르게 서사하고 있다.

그런데 철저하게 외국인의 입장에서 이야기를 하자면, 한국이 강조해온 유교 사상과 이와 관계되는 문화는 매력이 없다. 대신에 불교와 샤머니즘에 관련된 문화가 흥미롭다. 특히, 서양 사람에게는 선(禪)불교가 신비로워 보인다. 그때마다 오리엔탈리즘적 매력을 느끼게 된다. 그리고 아시아 사람에게 불교는 친숙하기 때문에, 한국 불교에 대한 관심이 있을 것이다. 게다가 서양 사람에게 유교 사상이 강조하는 서열 개념은 받아들이기 어렵다. 때로는 불편하다. 중국, 일본, 그리고 베트남 등은 유교 사상에 대한 감각을 가지고 있어서 이런 부분들이 서양 사람처럼 아주 못 받아들일 정도는 아닐 것 같다. 하지만 그들도 한국처럼 유교 사상 자체를 인간의 도리로 삼지는 않기 때문에 한국은 이런 면에서 보수적인 나라로 보이기도 한다.

한국이 보수적인 이미지를 많이 벗어나게 된 데에는 2000년대부터 부상한 한류와 K-pop의 영향이 크다. 한류 덕분에 한국은 쿨한 나라가 돼버렸다. 영어식으로 표현하면 '쿨 코리아'가 된 것이다. 내가 한국에 처음 왔던 때만 해도 상상도 못했던 일이다. 뿐만 아니라 한국 대중문화가 새로운 수출산업이 되었다는 점에서 한류의 역할은 문화적인 영향력을 뛰어넘었다.

2000년대 초까지만 해도 일본 대형 서점에서 한국어는 기타 외국어 코너로 분류됐다. 지금은 당당하게 한국어로 분류되어 있다. 한류가 한창일 때보다는 많이 없어졌지만, DVD와 CD를 파는 가게에도 여전히 한류와 K-pop 코너가 있다. 한국 대중문화는 일본에서 미국 대중문화와 어깨를 나란히 한다. 일본에 갈 때마다 이러한 가게에 있는 한국 코너를 보면 한국 사람들이 신기해하고 기뻐하는 마음이 내게도 똑같이 든다.

한국의 대중문화가 유행하는 일본의 사회 현상을 살펴볼 때, 역사라는 긴 흐름에서는 어색하거나 이상할 게 없다. 오히려 그동안 문화를 교류해온 맥락의 연장선으로 볼 수 있다. 일본이 지금의 국가를 형성하는 과정에서 조선에게 가장 크게 영향을 받은 문화는 도자기다. 임진왜란 때 한국을 침략하면서 조선 도자기의 소박한 멋을 알았고, 이를 들여와 다도용 그릇으로 발전시켜 일본에서 인기를 끌었다. 조선 도예가들이 일본으로 끌려가 규슈 지방을 중심으로 도자기 산업이 활발해졌다. 19세기 메이지유신 이후에 한국 도자기에 뿌리를 둔 아리타야키, 사츠마야키 도자기가 유럽과 북미에 많이 수출이 되어 당시 외화를 벌기 위한 중요한 상품이 됐다. 20세기에는 한국-일본 민예운동가인 야나기 무네요시가 조선시대 분청, 민화, 반상 등을 소개하면서 인기 몰이를 했다. 일본 골동품 세계에서 '이조(李朝)'라고 부르게 됐고 지금도 인기가 많다.

88서울올림픽 때 시작되어 오늘날까지 계속되는 음식 문화 유행도 재미있다. 1980년대에 한국은 정치적으로 격동의 시대였다. 때문에 한국을 알고 있는 사람들에게도 국가 이미지는 긍정적이지 않았다. 경제적으로 일본과 크게 뒤떨어져 있기도 했다. 일본은 당시 고품 경제 시대라서 소비를 쉽게 했다. 그중에 해외여행, 외국 브랜드, 독특한 외국 요리 등이 인기를 끌었다. 당시 일본 사람은 접근하기 어려운 대중문화보다는 음식에 관심이 많았다. 1990년대가 깊어가면서 비빔밥이 웰빙 음식으로서의 이미지를 갖게 됐고, 지금도 한국 음식은 일본 사람들 사이에서 웰빙 이미지가 강하다. 서점에 가면 한국 요리 책이 많고 한국 관광 안내에서도 맛집 안내가 큰 비중을 차지한다. 2000년대에 막걸리 붐이 시작됐고 지금은 음식 붐이 조금씩 다양화되고 있다.

도자기와 음식이 지속적으로 일본 사람들에게 인기를 끄는 비결이 뭘까? 음식은 인간에게 기본이 되고, 도자기는 그 음식을 예쁘게 포장하기 위한 도구다. 일본은 반찬 하나하나를 포장해서 음식을 내놓는다는 개념으로 작은 접시와 그릇을 많이 사용한다. 다도는 귀한 말차를 다른 사람들과 함께 즐기는 행사이면서도 초대한 사람의 사회 지위와 품위를 보여줄 수 있는 기회가 된다. 독특한 음식을 먹는 것도 비슷한 맥락에서 나온다.

일본에서 일어나는 한국 문화의 유행을 보면 오피니언 리더의 역할이 컸다. 도자기 붐은 임진왜란의 주도자인 도요토미 히데요시의 취향 때문에 시작됐다. 조선을 침략한 다이묘가 조선의 도예가를 끌고 왔는데, 한국의 아픔을 배제하고 보자면, 이런 분위기는 당대 최고의 오피니언 리더들이 만든 합작이다.

앞서 언급했던 한류와 국가 브랜드 파워의 상관관계로 다시 주제를 옮겨보자. 한국은 대중문화의 브랜드 파워가 높은 반면에 유행에 예민해서 올해 뜬 것은 내년에 없어지고 만다. 때문에 한류와 K-pop은 일본에서 일시적 현상이 될지도 모른다. 일본에서 이미 한류와 K-pop의 수명이 끝났다는 이야기가 나오고 있다. 한국어 공부하는 학생이 줄고 있기도 하다. 그러니 그 대중문화가 이미 일본에 내재화된 도자기나 음식처럼 주류 문화에 깊은 영향을 미칠 수는 없을 것이다. 일본이 그렇다면 다른 나라도 그럴 수 있다. 대중문화가 중심이 되는 국가 브랜드는 언제든지 쉽게 무너질 수 있다.

국가 브랜드가 뚜렷한 나라를 보면 정부의 역할은 약한 대신에 인적 교류가 많다. 미국과 유럽은 이민자와 유학생을 통해서 인적 교류가 가능한 환경을 만드는 데 더 힘을 쓴다. '쿨'한 상품을 교류하기 위해 애를 쓰지 않는다. 이 인적 교류가 좀 더 성공적으로 이뤄지기 위해서는 현재에 영향력이 크고 미래에도 영향을 줄 오피니언 리더가 교류의 중심이 돼야 한다.

아파트 샤먼과 추는 춤

:   런던, 파리, 뉴욕, 도쿄. 그 유명한 다른 도시보다 서울은 2015년의 시대정신을 잘 반영한다. 서울은 매번 상승하는 아파트 임대 가격과 전쟁을 하느라 동네가 주기적으로 들썩인다. 그럴 때 보면, 서울에는 안정이 존재하지 않는 것 같다. 그래서 사람들은 안정감과 소속감을 주는 인터넷과 SNS를 열심히 사용하는지도 모른다. 뉴욕 지하철은 인터넷이 잘 통하지 않지만, 서울의 지하철은 SNS를 가장 열심히 사용하는 곳 중 하나가 됐다.

내가 만난 1980년대 서울은 급성장하고 있는 미래 도시였다. 88서울올림픽을 앞두고 도시 전체가 공사판이었다. 급성장하는 서울에서 새로운 출발을 도모하는 사람들 때문에 서울의 인구도 급증하고 있었다. 주말에 고속버스를 타고 서울에서 지방으로 내려가면 반대 차선에 이

••

한국 사람 정서에 뿌리 깊게 자리 잡은 샤머니즘이

아파트를 통해 새롭게 표출된 것은 아닐까?

하는 조심스러운 짐작을 해본 적이 있다.

샷짐이 가득한 화물차가 많이 보였다. 만나는 사람마다 88서울올림픽이 끝나면 한국이 선진국 대열에 진입할 거라고 했다. 선진국에 대한 기대는 정치계에도 있었다. 전두환 대통령의 독재 정권에 대한 불만이 컸고, 이는 1987년 6월 민주항쟁 때 폭발했다. 그리고 1980년대에 한국 전반이 경제적으로 정치적으로 급격하게 변화한 덕분에, 1990년대에 비로소 선진국 대열에 진입할 수 있었다.

1993년 여름에 한국을 떠나 2008년에 다시 왔을 때, 나는 서울이 어마어마하게 변화했음을 한눈에 알아볼 수 있었다. 인터넷 보급에 따른 변화 외에 가장 눈에 띈 것은 높아진 주택의 질이었다. 1993년까지만 해도 단독주택은 주로 연탄이나 연탄 보일러를 사용했다. 아파트도 대부분은 난방을 사용하지 않으면 뜨거운 물로 샤워를 할 수가 없었기 때문에 봄부터 가을까지는 찬물로 씻는 집이 많았다. 주택난이 있었기 때문에 사람들은 밀집해서 살았다.

2008년에는 이러한 모습이 많이 사라졌다. 계속되는 경제 성장 덕분에 생활 방식이 바뀐 것도 큰 이유이지만, 이보다 더 직접적으로 영향을 준 건 아파트가 보급화됐기 때문이다.

주택난이 심각한 19세기 말의 뉴욕처럼 한국도 주택난을 한방에 해소할 수 있는 도구로 아파트라는 대안을 내놓은 것이다. 2000년대 말 한국의 아파트는 24시간 온수가 사용 가능한 것은 물론, 인터넷, 케이

블 TV, 그리고 휴식 시설이 다 잘되어 있어서 살기 편한 집의 형태를 갖췄다.

그런데 이 편리한 아파트에는 부동산 투기라는 이면이 있었다. 아파트가 인기 상품인 만큼 그 와중에 돈을 보려고 하는 사람이 나타났다. 아파트는 가격이 계속 오르기 때문에 일반인 사이에서도 투자하기 좋은 상품으로 자리매김했다. 1970년대부터 1980년대까지 아파트는 대부분 빈터에 지어졌지만 1990년대부터는 인기 없어진 단독주택이 밀집한 동네에서 재개발 형태로 지어지기 시작했다. 아파트는 생활수준을 높이는 도구이면서 재산을 확장할 수 있는 도구가 됐다. 그리고 시간이 갈수록 재산 확장은 재개발의 주목적이 됐다.

나는 서촌에 관심을 갖게 되면서 재개발에도 주목하게 됐다. 재개발을 지지하는 주민이 서울시가 여는 지구단위계획 공청회를 무산시킨 것을 보고 충격을 받은 적도 있다. 재개발 대상지인 체부동 골목을 걸으면서 주민 중 연세가 많은 분으로부터 "네가 살아봐!"라는 야단도 들었다. 누하동에 사는 동안은 골목 앞에 있는 누하동 재개발 추진 위원회 사무실 앞을 지나가기가 거북했다. 서울 곳곳에서 체험해본 재개발을 향한 사람들의 열정은 여전히 이해하기 어려운 한국의 미스터리다.

한국 사람 정서에 뿌리 깊게 자리 잡은 샤머니즘이 아파트를 통해 새롭게 표출된 것은 아닐까? 하는 조심스러운 짐작을 해본 적이 있다. 무

교남동과 같은 오래된 공동체의 종말은 매일 볼 수 없는 현상이기 때문에
누군가가 기록할 필요가 있다고 생각했다.

당이 특별한 능력으로 한 사람의 고민을 구명할 수 있듯이, 아파트가 자신의 경제적 문제를 구명할 수 있다는 기대를 하는 것이다. 그래서 재개발을 맹목적으로 믿게 되는 것은 아닐까. 사람의 마음이 여기까지 오고 나면 그 이후에는 재개발에 대한 논리적 이야기를 진행할 수 없게 된다. 내가 이러한 결론을 내리고 나서 재개발에 빠진 주민을 만나면, 적대감보다는 종교가 다른 사람들끼리 대화를 하는 듯한 기분이 들곤 했다. 그래서 나는 그 이해할 수 없는 생각들을 어쩔 수 없이 받아들이게 됐다.

2011년 봄, 서촌에서는 황인범 대목이 주재하는 한옥 답사가 있었다. 답사하면서 한옥에 사는 이웃을 방문하고 집의 역사에 대한 이야기를 나눴다. 방문한 이웃 중에는 어르신이 많았다. 회원들과 이야기하면서 세대 간의 아름다운 소통이 이뤄졌다. 그 활동에서 가장 좋은 추억이자 보람이 된 부분이다.

그런데 2012년에 들어오면서 서촌의 옆 동네인 교남동이 곧 재개발이 될 거라는 소식을 동네 잘 아는 회원에게서 전해 들었다. 회원들은 교남동의 모습이 사라지기 전에 꼭 다녀오고 싶다고 했다.

춥고 밝은 2월 어느 토요일에 우리는 사직단에 모여서 동네 답사를 시작했다. 사직단에서 앨버트 테일러 가옥이라고도 불리는 딜쿠샤(Dilkusha)와 홍난파 가옥을 지나 교남동에 내렸다. 아직 사람이 많이 살고 있는 동네지만, 폐업한 가게와 낙후된 주택이 많이 보였다. 한옥이 여기저기 보였고 아기자기한 골목도 많았다. 교남동을 천천히 둘러보고 독립문으로 나와 영천시장에 갔다. 우리는 그 시장에서 파전과 떡볶이를 맛있게 먹었다. 그날 답사를 끝내면서 나는 어렴풋이 서촌의 대체 역사를 봤다. 서울시가 자발적으로 재개발을 중단한 것이 얼마나 옳은 결정이었는지를 피부로 느낄 수 있었다.

곧 없어질 동네를 답사해보기는 처음이라서 그랬는지, 그 이후에도 계속 교남동에 관심이 갔다. 그리고 2012년 가을에 어락당을 짓는 동안 골목 친구와 함께 술을 마시면서 교남동 이야기를 했다. 친구는 그 동네를 잘 아는 사람과 함께 동네 답사를 가보면 어떻겠느냐고 했다. 11월의 마지막 토요일에 우리는 다시 모였다. 독립문 근처에서 걸음을 시작해 무악동, 행촌동을 걷고 딜쿠샤에 내려서 교남동으로 갔다.

9개월 만에 간 교남동은 재개발 준비가 한창이었다. 사람이 거의 다니지 않았고 문을 연 가게가 없었다. 2월만 해도 사람이 많이 살았지만, 11월이 되니 빈집이 더 늘었다. 안내해주신 분은 재개발 때문에 어려움을 겪는 교회를 소개했다. 우리는 담당 목사님과 대화를 나눴다. 목사님의 입에서 재개발 때문에 "공동체가 해체됐다"라는 말이 나왔을 때는 눈빛이 슬퍼 보였다. 대화가 무르익어갈 무렵, 우리는 교회 곳곳을 안내받았다. 교인들이 부엌에 모여 김장하던 모습은 지금도 잊을 수 없다.

곧 없어질 동네에 사는 교인이 많아서 내년에도 김장을 이렇게 다 같이 화목하게 할 수 있을까, 생각해보니 나도 덩달아 슬퍼졌다. 작별 인사를 하고 다 함께 서촌에 가서 뒤풀이를 했다.

겨울에서 다시 봄으로 계절이 순환하는 동안, 교남동의 안부가 궁금해졌다. 동네에 살았던 젊은 건축가 회원하고 교남동 이야기를 다시 했다. 도시문제에 관심 있는 몇 명과 그곳에 다시 가보기로 했다. 혼자 가기에는 용기가 필요했는데 다행이었다. 혼자 갈 엄두가 나지 않았던 건 재개발이라는 배경 때문이었다. 그리고 좀 더 넓은 시야를 두고 생각하면, 곧 없어질 동네 곳곳을 사진으로 기록한다는 것은 조심해야 할 일이기도 했다. 그 행위 자체가 '폐허 포르노(ruin porn)'에 해당하기 때문이다. 어찌 보면 폭력 행위와도 같았다.

20세기 후반에 유명한 문화 평론가인 수전 손택이 『사진에 관하여』에 썼듯이, "고통은 고통이지, 고통을 보여주는 사진과 같이 산다는 것은 다른 이야기다." 고통의 이미지는 보는 사람의 의식을 높이지도 않고 동정할 수 있는 능력도 키우지 않을 뿐만 아니라 오히려 장애물이 될 수 있기 때문이다. 이러한 이미지를 한번 접하면, 계속 보고 싶어진다. 그리고 그 과정에서 상황의 심각성에는 무감각해진다. 하지만 뜻이 같은 한국 사람과 동행하면 혼자서 폭력 행위를 하는 게 아니라 그냥 답사가 된다.

첫 번째 답사처럼 서촌에서 딜쿠샤, 그리고 교남동으로 걸음을 했다. 2012월 말에 거의 죽은 동네가 됐는데 건물은 그대로였다. 해가 바뀌어 2013년 봄에는 철거 준비가 시작됐다. 건물 내부는 비었고 수많은 창문은 철거됐다. 하늘에 선을 좍좍 그은 듯한 전선과 인터넷선도 철거됐다. 골목에는 쓰레기가 많았다. 그 속에는 옛날 사진, 메모지 등 누군가가 생활했던 흔적도 더러 있었다. 걸으면서 분위기가 조용해졌다.

우리는 걷는 동안 대화를 거의 하지 않았다. 개인적인 사연 때문에 끝까지 남으려고 하는 주민 몇 명의 모습이 보였다. 하지만 우리 중 누구도 그들의 사진을 찍지 않았다. 슬퍼서 그랬는지, 아니면 서로 말 없이 사람에 대한 폭력 행위를 피하고 싶어서 그랬는지는 잘 모르겠지만 그렇게 됐다. 폐허 포르노가 될지도 모르는 폐허의 건물 사진만 열심히 찍었다.

그 후에 폐허 포르노에 대한 생각이 조금 바뀌었다. 눈앞에 놓인 곧 없어질 것들을 기록하고 싶은 마음이 강해졌다. 그리고 무엇보다 그 곧 없어질 동네, 즉 재개발의 물리적 현실을 기록하는 게 중요하다고 생각했다.

하루 용기를 내서 니콘 F3 카메라에 흑백필름을 넣고 혼자서 교남동에 갔다. 처음으로 혼자서 갔는데, 내가 외국인이라는 것을 의식하니 마음 놓고 사진을 찍을 수 없었다. 긴장한 상태로 나는 철거가 진행된 교남동을 걸으면서 카메라에 동네의 모습을 담았다. 사진관에 필름 현상을 맡겼다. 필름과 사진이 담긴 CD를 받아 집에 돌아와 결과물을 확인했더니, 내가 찍은 사진이 모두 폐허 포르노 같아서 슬펐다. 교남동을 기록하고 싶었지만, 그 과정에서 폐허 포르노를 재생산하는 위선이 아닌가 하는 걱정이 앞섰다. 사진 그 자체가 잘 나왔고 기뻤지만 그 생각이 들었을 때는 마음이 아팠다.

2012년 '흐르는 골목'이라는 행사를 기획한 최재원 큐레이터에게 내가 찍은 사진을 보여줬다. 그는 2013년에 계획한 행사에 그 사진들을 전시하고 싶다고 했다. 전시하면 폐허 포르노를 재생산했던 것은 공개가 되겠지만, 안목이 대단한 친구가 부탁했기 때문에 나는 한국식으로 그 자리에서 바로 허락을 했다. 전시를 준비하는 동안에는 전시가 시작된 이후에 생길 일에 대해 미리 상상해보기도 했다. 혹시라도 폐허 포르노에 대한 비판을 받으면 솔직하게 상대와 대화할 수 있기를 바랐다. 그리고 2013년이 됐다. '흐르는 골목' 행사는 성공적이었고 마지막 날에 박원순 시장이 와서 전시를 봤다. 교남동 사진에 대해서 대화할 기회는 없었지만, 박원순 시장이 그 사진을 본 것 자체는 내게 의미가 있었다.

시간이 또 흘렀다. 교남동을 마음에서 떠나보내지를 못했다. 2014년 봄이었다. 폐허 포르노에 대한 고민을 여전히 가슴에 담아두고 있었다.

하지만 그곳을 기록해야겠다는 마음이 그만큼 컸다. 20세기 철학가인 롤랑 바르트가 『밝은 방: 사진에 대한 노트』에서 "사진은 무엇인가가 존재했다는 것을 부인할 수 없다"고 썼듯이, 사진은 기록의 가치가 대단하다. 교남동과 같은 오래된 공동체의 종말은 매일 볼 수 없는 현상이기 때문에 누군가가 기록할 필요가 있다고 생각했다. 이렇게 생각하면 폐허 포르노는 폭력 행위가 아니라 충격을 통해서 경고를 주는 역할을 할 수도 있다.

날씨가 좋은 3월 말, 토요일에 흑백필름을 담은 니콘 F3을 들고 교남동에 다시 가봤다. 그리고 나는 그 자리에서 충격을 받았다. 건물이 반 이상 없어졌고 골목도 거의 없어졌기 때문이다. 나는 폐허가 되기 직전의 모습을 카메라에 담았다. 이번엔 폐허 포르노를 만드는 게 아니라, 이미 폐허가 된 채로 아파트 샤먼을 기다리는 마음을 그대로 기록하는 행위를 한 것 같았다. 철거가 된 후에도 군데군데 남은 삶의 흔적이 보였다. 그리고 길을 걷다 장난감 굴착기를 하나 발견했다. 그 모습은 지금도 잊히지 않는다.

교남동이 사라졌음을 알게 됐지만, 6년 동안의 한국 생활을 마치기 전에 다시 한 번 더 교남동에 가보고 싶었다. 출국을 이틀 앞두고 지난 2012년 11월 말에 그곳에 같이 갔던 체부동 골목 친구와 동네 주민 몇 명을 데리고 완전히 폐허가 된 교남동을 걸었다. 교남동을 처음 본 지

이미 2년 반이라는 시간이 지났다. 길지 않은 시간인데 그 사이에 모든 활기를 잃은 듯했다. 그래도 아직 그곳에는 공동체가 존재했다. 나는 교남동이 완전한 폐허가 될 때까지의 모든 과정을 봤다. 흑백필름으로 폐허 포르노를 재생산했고 사라져가는 지역을 기록으로 남기기도 했다. 이제 아파트 샤먼이 그 넓은 폐허에 커다란 콘크리트 집을 지을 일만 남았다.

20세기 중반에 뉴욕 도시 계획 국장을 지낸 로버트 모제서의 말이 재개발의 본질을 잘 설명한다.

"능력이 있는 자는 무엇인가를 짓고 능력이 없는 자는 비판만 한다."

그런데 1960년 초에 저명한 도시학자 제인 제이콥스가 나서서 역사적 경관 보존 운동을 주도했다. 그와 동시에 모제서의 영향력이 없어졌다. 오래된 것을 부수고 새로 무엇인가를 지어 올린다는 것은 더 이상 능력이 있는 자만이 할 수 있는 특별한 일이 아니다. 아파트 샤먼이 화려하게 춤출 수 있는 시대에서, 교남동의 죽음이 의미 있기를 바란다.

모든 언어에는
생동감이 있어야 한다

:   2009년 봄에 서촌으로 이사하고서 자연스럽게 서촌 사람들과 인연을 맺게 됐다. 한국 사람 대부분은 외국인을 만날 때 공통적으로 하는 형식적인 질문이 몇 가지 있다. 만약 내게 질문하는 사람에게 아이가 있고 그 아이가 영어 공부를 시작할 나이라면, 그들은 어떻게 영어 공부를 하는 게 좋을지를 묻는다. 남자는 주로 "우리 집사람이 애들을 영어 유치원에 보내고 싶어 하는데 어떻게 생각하느냐"고 묻고, 여자는 "어떻게 하면 애들이 영어를 잘할 수 있을까요?" 하고 묻는다. 무슨 음식을 좋아하느냐 같은 형식적 질문보다는 좀 더 생활에 밀접해 있어서 나는 이런 질문들이 재미있다. 그래서 성심껏 대답하지만, 대화가 끝나고 나면 늘 아쉬움이 남는다.

그리고 그런 질문에 대한 내 대답은 "왜 영어를 배워야 하느냐"는 질문으로 시작된다. 당시 나는 한국에 온 지 얼마 되지 않았지만, 한국어를 모르는 외국인을 만났을 때를 제외하면 모든 생활에서 한국어를 썼다. 2008년 가을 학기에 나와 같이 서울대학교에 외국인 교수 22명이 부임했다. 한국어를 할 줄 아는 사람은 나뿐이었다. 서로 많이 힘들었겠지만, 본부 직원 중에 영어 잘하는 사람이 있어서 그가 우리의 대화 통로가 되어줬다. 외국인 교수 소속 학과는 영어로 소통을 원활하게 할 수 있는 조교를 배정함으로써 문제를 해결했다. 이렇게 보면 영어를 잘하는 행정 직원과 조교가 몇 명씩 필요한 것 같지만, 사실 모든 직원과 조교가 영어를 반드시 잘할 필요는 없다. 1995년부터 2008년까지 일본에 살면서도 나는 비슷한 일을 겪었다. 교토대학교에서 교수를 할 때도 소속 대학의 외국인 유학생과 영어 초빙 강사를 도와주기 위해서 영어 잘하는 직원이 1명 배정됐다.

외국인 교수에게 도움을 주는 것 하나만으로 두 곳에서의 삶이 비슷하다고 느끼는 것은 아니다. 어머니가 교토에 방문했을 때, 내가 수업을 하는 날이면 어머니는 혼자 교토를 누볐다. 그러다 누군가의 도움이 필요하면 관광지에서 영어 잘하는 사람을 찾아내 도움을 받았다. 이렇게 외국인에게 도움을 줄 수 있는 사람을 어렵지 않게 만날 수 있다는 것이 두 나라의 비슷한 점이다.

'글로벌화'라는 단어가 생기기 전에 도쿄에 있는 국제기독교대학과 조치대학교는 강의가 영어로 진행됐다. 일본은 그런 교육을 통해 '국제파'를 많이 배출했다. 가고시마대학교에서는 내가 이-러닝을 담당하면서 두세 번 IT관련 국제 학술 대회에 참석할 기회가 있었다. 발표자가 영어로 말할 때 발음이 좋은 편은 아니었지만, 발표의 내용이 중요했기 때문에 그런 문제는 크게 신경이 쓰이지 않았다. 언론에 일본 사람의 영어 실력이 충분하지 않다는 지적이 계속 나오던 때였다. 나는 그런 평가가 과연 알맞은 진단인지는 의심해봐야 한다고 생각했다.

나는 한국 사람들이 아이의 영어 교육에 대해 질문할 때 이렇게 반문한다. 아이가 앞으로 영어를 어떻게 사용하기를 바라는지, 그리고 왜 영어에 특별히 시간과 교육비를 투자하는지. 그러면 돌아오는 대답은 거의 비슷하다. "영어가 기본이잖아요."

아이가 자신의 목적을 위해서 언어를 하나의 수단으로 활용하기보다는, 정상적인 사회 구성원이 되기 위한 '기본' 중에 하나이기 때문에 영어를 교육시키려는 것이다. 이것은 결국 '모든 한국 사람은 영어를 잘해야 된다'는 압박감에서 나온 생각이다. 한국에 깊이 자리 잡은 정서 때문에 그러하다는 것을 이해할 수는 있지만, 그 생각을 완전히 납득하고 받아들이기는 조금 어렵다. 이유는 정말 간단하다. 영어 이외의 세상도 존재하기 때문이다. 영어가 아무리 국제공통어가 되더라도 '로컬한' 언어로 쓰이기에는 한계가 있다. 즉, 도쿄에서 열리는 국제 학회의 언어가 영어가 되더라도 일본과 일을 하고 싶으면 일본어를 잘해야 된다. 중국도 그렇고, 프랑스도 그렇고, 멕시코도 그렇다. 한국은 무역과 국제 교류가 많기 때문에 영어 이외의 언어가 필요하다. 특히 지리적으로 동 북아시아의 중심에 있기 때문에 중국, 일본과의 교류가 당연히 많다.

"영어가 기본이잖아요"라고 말하는 사람 중에 발음이 중요하다고 생 각하는 사람이 많다. 과언일 수 있지만, 이것은 뿌리 깊은 사대주의에서 나오는 생각이다. 미국이라는 강대국이 세계의 주류이고, 이 주류에 진 입하기 위해서는 언어 문제를 해결해야 한다고 생각한 것이다. 여기서 언어 구사의 깊이보다는 표면적인 실력을 따진다. 그러니 미국인처럼 영어를 할 수 있어야 되며, 이 부분을 쉽게 알 수 있는 방법은 발음이다. 1990년대부터 생겨난 한국의 '기러기 아빠'는 외국인이 이해하기 어렵 지만, 이런 심리에서 출발했을 것이다.

한국 사람에게 영어가 기본 언어는 아닐지라도, 외국어 중에 가장 중 요한 언어인 것은 맞다. 그렇다면 영어를 잘하려면 어떻게 해야 할까? 우선 영어를 잘한다는 것을 정의해야 된다.

한국에서는 일반적으로 외국어를 잘한다는 기준을 원어민과 동등하 게 두지만, 서양에서는 그렇지 않다. 20세기 말에 이민과 국제 교류가 많아지면서 이러한 완벽주의가 무리하다는 인식이 퍼졌기 때문이다. 개인의 목적, 개인의 기대에 따른 외국어 능력이 있으면 된다. 예를 들면, IT분야에서 활동하는 엔지니어가 새로운 정보를 얻기 위해서는 영어 독해가 우선이다. 반면, 해외 마케팅을 하는 대기업 직원은 이메일을 잘 작성해야 하고, 회의 자리에서도 말을 잘해야 된다. '잘'이라는 기준은 원어민처럼 하는 것이 아니라 그 상황에서 일을 성공적으로 수월하게 해낼 수 있는 능력을 말한다.

2010년대에 들어오면서 나는 한국의 영어 교육에 미묘한 변화가 있음을 느꼈다. 영어 교육에 대해서 물어보는 사람이 조금씩 줄었고, 조금 더 다양성을 인정하고 있는 사회 분위기를 느꼈기 때문이다. 그 사이에 더 많은 이야기를 듣고 많은 한국 사람을 만났다. 그런데 영어 열풍에도 불구하고 한국 사람 다수가 아직까지도 영어를 어려워한다. 기본 실력이 문제될 때도 있지만, 그것보다는 자아가 없고 즐겁지 않은 기계적 말하기가 문제다. 문법이 틀리고 발음이 좋지 않더라도 즐겁게 자기 생각과 의사를 전달하면 대화가 잘 살아나는데, 한국 사람 대부분에게는 영어를 유창하게 구사해야 한다는 강박이 있는 것 같다.

1980년대에 인기 있었던 영어 회화 책의 내용 중에는 화장실에 가야 되겠다는 간접적 표현인 "Nature calls me"가 있다. 잠을 잘 못 잤다는 표현인 "I tossed and turned all night"도 있다. 당시에 많은 사람들이 맥락 없이 그 표현을 사용했다. 하지만, 이미 아는 표현들로 언어 생활을 즐겁게 하는 방법도 있다. 예를 들면 "Excuse me"가 있을 거다. 그리고

"I didn't sleep last night"과 같은 쉬운 표현을 쓰는 것도 방법일 것이다. 영어로 대화할 때 기계적으로 외운 문장들을 입 밖으로 내는 것보다는, 자아가 뚜렷한 상태가 좋다. 그러면 조금 미숙하더라도 문장을 말하려고 노력하면서 얻는 즐거움이 있고, 조금씩 발전해나갈 수 있기 때문이다. 그게 언어를 학습하는 데 있어서 가장 중요하다.

그런 이유로 나는 한국 사람을 만나면 영어보다 한국어로 대화하는 것이 더 편하다. 한국어를 배운 지 얼마 되지 않았을 때는, 연습을 위해서 일부러 한국어로 말을 할 기회를 찾아다녔다. 하지만 지금은 자아 없이 기계적으로 영어하는 사람과 대화하는 것이 답답해서 한국어로 대화를 한다. 내가 만나본 한국 사람 중에는 자신이 누구와 대화하는지도 잘 모르는 채 영어로 사람 사이의 공백을 채우려 드는 이도 있었고, 진심으로 본인이 느낀 것을 말하는 게 맞는지 상대가 의심하게 만드는 사람도 있었다. 그런 말들은 진짜 자신의 생각을 말하는 것이 아니기 때문에 대화에 진지함과 진실성이 없다. 나이가 들면 들수록 '그냥 하는 말'을 참기 어려워지는 건 동서양이 같다.

물론 오랫동안 영어로 일하고 생활하는 한국 사람을 만나면 편하게 영어로 해도 상관없다. 한국어로 해도 괜찮다. 이런 경우에는 주위에 영어 하는 사람이 많으면 영어를 쓰고 반대인 상황에서는 한국어를 쓴다. 이렇게 내게 선택권을 주는 사람들에게는 특징이 있다. 오랫동안 영어

하는 사람과 접촉해서 영어의 미세한 뉘앙스와 문화를 알고 있다는 것이다. 그리고 접촉할 때 형식적인 말보다는 '의미 교환'이 필요한 말을 한다는 것도 다른 점이다. 의미 교환이라는 것은 서로 대화에 참여하고 그 대화가 참여자에게 진지한 의미가 있다는 것이다. 일반화하기는 어렵지만, 대사관, 외국계 회사, 영자 신문사 같은 기관에서 일하는 사람 중에는 이런 사람이 많다. 흥미 있게도 유학파 교수는 개인마다 다르지만, 생각보다 의미 교환이 풍부한 대화를 같이 만들어나가는 사람은 드물다.

영어를 잘하려면, 영어를 사용할 수 있는 기회를 많이 찾아야 된다. 그리고 그 기회는 연습을 위해 '그냥 하는 말' 말고, 살아 있는 말을 하려고 애쓸 때 찾아온다. 좋아하고 존중하는 사람과 같이 의미 교환을 할 수 있도록 애를 써야 한다.

이렇게 보면 한국의 공교육은 물론, 입시 위주의 '스타 강사'가 주도하는 사교육도 부족한 점이 많음을 알 수 있다. 한국에서 영어 한마디 하지 않고도 충분히 살 수 있기 때문에 어쩔 수 없는 부분이 많다는 것은 안다. 그러니 개인이 풍부하게 말할 수 있도록 스스로에게 기회를 많이 만들어주는 게 답이 될 것이다. 쉬운 일은 아니지만, 한국이 지금보다 훨씬 어려웠던 시대에도 영어를 잘하는 사람은 늘 있었다.

여기까지 이야기하고 보니 아쉬움이 하나 더 생긴다. 1990년대에 분

세계화 바람, 그리고 2000년부터 시작된 글로벌화가 유행일 때마다 대기업, 대학, 학교와 같은 큰 기관은 외국인을 고용했다. 그러나 외국인이 한국에 도착하고 나서는 누구도 그들을 어떻게 대해야 할지 알지 못했다. 고학력자인 외국인은 진지하게 일을 하러 온 것이지만, 한국 기관은 그 일을 제대로 할 수 있는 자리를 마련하지 못했다. 그 외국인은 소외된 채로 커다란 기관의 장식물 같은 존재가 되어갔다. 이럴 때 주변 사람들과의 풍부한 의미 교환이 어렵다. 형식적인 대화만 반복된다. 뿐만 아니라 장기적으로 보았을 때, 그 외국인은 언젠가 그만두고 만다. 반대로 외국 기관에서 일하는 한국 사람은 한국 사회와 자신이 몸담은 기관의 창구 역할을 수월하게 해낸다. 시스템이 다르기 때문이다. 그래서 영어로 의미 교환을 할 때 여러 대화를 할 수 있게 되고, 실력도 나날이 늘게 된다.

그럼 아이들은 어떻게 가르치면 좋을까? 한국 교육이나 사교육 산업에 기대를 걸 수 없게 되면 선택의 폭이 좁아진다. 수많은 영어 유치원은 영어 교육보다 어린이집 대신 보육의 역할에 비중을 둔다. 아이가 성장하는 과정은 외국어를 배우는 것처럼 길고 복잡하기 때문에, 영어를 즐길 수 있는 기회를 마련하는 것이 좋다. 나는 2010년부터 2014년까지 왕립아시아학회의 이사로 활동하면서 서울과 인천의 역사를 답사할 때 영어로 사람들을 이끌었다. 참여하는 사람은 주로 외국인이었고 가끔 한국인 가족도 있었다. 아이들은 부모가 영어를 쓰는 모습을 보고 큰 동기를 얻었을 것이다. 왕립아시아학회 이외에도 영어를 하는 문화 활동이 많다. 이런 활동에 가족이 적극적으로 참여하는 것이 좋다.

영어를 접하는 것 그 자체가 중요하기 때문에 영어로 된 아동 문학을 읽는 것도 좋은 효과를 가져온다. 어느 정도 성장한 뒤에는 한국에서 발행하는 영자 신문을 읽는 것도 좋다. 비싸고 효용성은 낮은 학원 비용을 모아서 여름방학 영어 캠프나 홈스테이를 다녀오는 것도 좋은 효과를 부른다. 이보다 더 중요한 것은 아이들의 동기다. 즉, 영어에 대한 관심이 없으면 무리해서 '기본'을 심어주려고 하지 말고, 아이가 좋아하는 것을 지원하려고 노력하는 부모의 관심이 중요하다. 언어 교육의 기본은 유창한 실력을 갖추는 게 아니라, 생동감 있게 느끼고 표현하는 아이를 풍성하게 만드는 데 있기 때문이다.

꼭 맞는 것은 따로 있다

:   나를 처음 보는 한국 사람 대부분은 내가 한국어를 사용할 줄 안다는 데에 무척 놀란다. 내게는 아주 자연스러운 일이지만, 그들의 입장에서는 한국어를 쓰는 외국인을 일상에서 마주하는 일 자체가 드물어서 그런 것 같다. 그리고 한국어로 대화할 수 있을 만큼의 실력을 가진 외국인도 만나기 힘들고 1990년대부터 세계화 시대가 열리면서 TV에는 한국어를 잘하는 외국인이 점점 많이 등장하고 있다. 그래서 이제는 한국말을 할 줄 아는 외국인을 보는 것 자체가 사회적으로 이목을 끌 일은 아니지만, 실제로 한국어로 외국인과 대화하는 느낌은 묘하다.

스물한 살부터 한국어를 배우기 시작한 나는 무엇을 느끼는 걸까? 여기에 대한 답을 해보려면 일본의 1978년 여름으로 거슬러 올라가야 할 것 같다. 당시 나는 홈스테이를 했다. 고등학교 1학년 봄이 됐을 때 우연히 Youth for Understanding(YFU)이라는 교환 학생 NGO의 설명회를 보고 안내 책자를 받았다. 그날 저녁 식사 때 부모님과 같이 이야기를 나누면서 두 분 다 일본에 가보는 것이 재미있겠다고 해주셨다. 뜻밖에 좋은 반응이었다.

제2차 세계대전이 끝난 뒤 아버지는 1946~48년에 군인의 신분으로 교토에 살아본 적이 있었다. 나는 어렸을 적부터 그 시절 이야기를 많이 들었다. 아버지의 옛날 사진도 종종 봤다. 곰곰이 고민을 하다 잠들기 전에 나는 일본에 가기로 결심했다. 그리고 다음날 곧바로 부모님께 내 의사를 말씀드렸다. 당시 나는 열여섯 살이었다. 가정 형편이 좋지는 않았는데, 할아버지가 고맙게도 부담해줬다.

1978년 6월 말, 문을 연 지 얼마 되지 않은 나리타공항으로 향했다. 긴 여행을 마치고 도쿄 시내에서 호스트 패밀리를 만났다. 그들의 집은 도쿄 교외에 있는 가와사키시에 있었다. 나보다 나이가 한 살 많은 남학생이 내게 영어로 말을 걸어왔다. 언어는 조금 서툴렀지만, 그의 누나가 신임 외무성 직원이라 우리는 소통하는 데 어려움이 없었다. 그들의 어머니는 제2차 세계대전 때 학교를 다녔기 때문에 영어는 한 마디도 못 했다.

온 지 5일 정도 됐을 때 아주 더운 날씨가 찾아왔다. 내 어머니는 더

울 때 가끔씩 작은 목소리로 "아추이(暑い, 덥다)"라고 말했다. 나는 일본에서 그 말을 금방 알아들을 수 있었다. 그 단어는 영어를 통하지 않고 직접 배운 첫 단어이기도 했다.

그 순간부터 외국어에 대한 호기심이 생겼다. 비슷한 방법으로 다른 단어를 배우려고 노력했다. 때로는 발음이 좋다는 이야기를 들었고, 그럴 때면 기분이 좋았다. 일본어 한 마디를 하면 상대방의 좋은 반응을 볼 수 있어서 뿌듯했다.

홈스테이를 마치고 미국에 돌아왔는데, 부모님 덕분에 내가 홈스테이 했던 집의 남학생이 우리 집에서 1년 동안 홈스테이를 하게 됐다. 같이 살면서 조금씩 일본어 단어를 사용할 기회가 있었다.

여름에는 일본어에 빠져 있었기 때문에 그 다음에는 스페인어를 공부하기로 했다. 멕시코에서 온 엄마 같은 선생님과 공부하는 것은 즐거운 경험이었다. 우리는 노래로 동사의 변화를 연습했다. 그때의 경험 덕분인지, 언제나 충분히 공부하면 거의 만점이 나왔다. 선생님은 발음이 좋다고 칭찬도 해줬다. 스페인어 공부는 3학년 때까지 계속됐다.

1980년에 나는 미시간대학교에 입학했다. 그곳에서 일본어를 공부하기로 했다. 미국 대학 중에 미시간대학교의 일본어 과정은 역사가 길고 유명했다. 일본인 교수가 매우 엄격하고 끝까지 공부할 의지가 있는 학생에게만 관심을 둔다는 이야기가 마음을 끌었다. 공부하면서 힘들 때도 있었지만, 학점이 잘나왔고 일본 유학생 친구도 생겨서 보람 있었다. 학교에서는 공부에 집중하고 주말에는 일본 유학생과 함께 지냈다. 일본 유학생도 영어를 배우고 싶어 해서 영어와 일본어를 균형 있게 사용했다. 그럴 때 우리가 중요하게 생각한 건 같이 노는 것이었다.

1982년, 대학 2학년 때는 집중적으로 일본어를 연습하기 위해서 일본에 갔다. 고등학교 때 홈스테이 했던 집에 초대를 받았다. 당시 그 집의 어른들은 일 때문에 지방에 가 있었고 누나가 외교관 일로 러시아에 있어서 형만 집에 있었다. 4개월 동안 평일 아침과 오후에 텔레비전을 보면서 그 집에 들어오는 경제 신문을 읽었다. 듣기와 읽기도 연습했다. 모르는 한자가 워낙 많았기 때문에 일본에서 거의 모든 미국인 유학생이 사용하는 『The Modern Reader's Japanese-English Character Dictionary(最新漢英辞典)』라는 한자 사전을 끼고 살았다. 모르는 한자를 적어둔 단어 카드도 만들었다. 따분한 작업이었지만, 아날로그답기도 했다. 저녁 무렵에 형이 학교에서 돌아오면 같이 대화하고 끼니를 해결했다. 주말이면 도쿄 시내를 돌아다니고 사람을 만나며 지냈다.

이때 꼼꼼하고 따분한 책상 공부를 혼자서 해내면서, 나에게 잘 맞는 학습법을 찾게 됐다. 그것은 바로 집중적으로 말할 수 있는 기회를 찾는 것이었다. 내 학습법은 이때부터 발달했다. 특히 흥미 있는 대화를 하기 위해서는 단어를 많이 알아두는 것이 중요했다. 뿐만 아니라, 그 사회의 변화와 이슈, 문화적 지식도 필요했다. 서로 자기 나라를 소개하는 수준의 대화가 처음 만났을 때는 서툴어도 재미있지만, 그 이후부터는 서로 지루해지기만 한다는 걸 나는 잘 알고 있었다.

1982년, 일본어를 열심히 공부하는 와중에 한국을 발견했다. 일본어 수업에서 한국 유학생이 차지하는 비중은 적었다. 그들이 학점을 잘 받았기 때문에 나는 그들을 경쟁 상대로 여겼다. 한편으로는 그들에 대한 호기심도 품고 있었다.

1980년 초에는 한국 유학생이 급증했다. 이민자도 급증하면서 앤아버에는 한국 사람이 많이 늘었다. 그 당시에는 한국 사람이 일본 사람과 비슷하면서도 좀 더 자유분방하고 격식 없는 라틴계 사람처럼 느껴졌다.

당시 관광 목적으로 비자 없이 일본에 왔기 때문에 내게 허용된 체류 기간은 90일이었다. 7월 말에 출국해야 했는데, 가장 가까운 나라가 한국이라서 비자 기간이 끝나기 전에 시모노세키에서 관부 페리를 타고 부산에 갔다. 배에 오르면서 한국 사람과 일본 사람이 확실히 다르다는 것을 알게 됐다. 밀수하는 아줌마의 목소리가 컸다. 한국 사람들은 친구와 신나게 놀았지만, 일본 사람들은 조용히 대화하다 잠드는 사람이 많았다.

부산에 도착해서 입국 절차를 마치고 페리 터미널에서 나왔다. 택시를 찾았다. 내가 좀 헤매는 표정을 지었던 것 같다. 그때 갑자기 모르는 사람이 내게 와서는 어디 가느냐고 물었다. 부산역에 갈 거라고 대답했더니 택시를 찾아주고 기사에게 내 목적지를 대신 말했다. 택시 기사는 영어든 일본어든 한 마디도 못 했다. 그는 긴장한 듯했지만 웃고 있었다. 기사는 갑자기 내게 담배 한 개비를 주려고 했다. 나는 웃으면서 "노 땡큐"라고 했다.

부산역에 도착해서 차에서 내리는데, 기사가 기다리는 사람에게 큰 목소리로 뭐라고 말을 했다. 그러자 학생 같이 생긴 젊은 남자가 영어로 "안내를 해주겠다"고 했다. 나는 조금 긴장했지만 그와 함께 부산역 안으로 갔다. 처음 보는 그 한국 남자는 '외국인' 창구까지 나를 안내해줬고, "돈 주세요"라고 말했다. 창구 앞에 줄이 없었다. 그 학생이 앞에 가서 표를 끊었고, 나를 탑승하는 곳까지 안내했다. 나는 영어로 "땡큐, 땡큐"하면서 그와 헤어졌다.

미시간에서 느꼈던 한국 사람과 부산에 와서 만난 한국 사람은 크게 다르지 않았다. 격이 없는 건 똑같았다. 그리고 어쩐지 마음을 편안하게 해주는 특징이 공통점이었다.

서울행 무궁화호 안에서는 바로 뒷자리에 영어를 유창하게 하는, 텍사스로 이민 간 여자와 영어 기초 대화가 되는 그녀의 친족인 남학생을 만났다. 같이 이야기하다가 김밥도 먹고 커피도 마셨다. 우리는 대화 도

중에 한국어에 대해 이야기했다. 두 사람에게 나는 한국 사람에게는 일본어가 배우기 쉬울 것이라고 했다. 그리고 반대로 서양 사람에게 한국어가 가장 배우기 어려운 언어라고 했다. 한국어는 아름다운 언어라고 했더니 남매가 웃음을 지어 보였다.

텍사스로 이민 간 여자는 서울을 잘 모른다고 했다. 옆에 앉은 학생은 당시 공군사관학교가 있던 보라매공원 근처에서 생활하는 서울 사람이었다. 나는 서울에 도착하면 내자동에 있는 외국인 사이에서 유명한 대원여관에 숙박할 예정이었는데, 학생이 거기보다 자기 집에 묵는 게 좋을 것 같다며 나를 초대했다. 아주 반가운 제안이었다.

나는 일주일 동안 그 집에 있었다. 거의 매일 그 학생과 같이 나가서 서울을 구경했다. 모든 고궁을 다녔고, 명동과 남대문 시장을 보고, 종로도 걸었다. 한국에 대한 책을 읽고 싶어서 종로서적에도 갔다. 당시에 영어로 된 책은 많지 않았다. 1978년 여름의 경험을 바탕으로 외국어에서 단어를 많이 알아두는 게 중요하다는 걸 알게 됐기 때문에 외국인을 위한 작은 영한사전을 샀다. 그 집에 있으면서 한국 사람은 일본 사람보다 격이 없어서 같이 지내기가 편하다는 걸 느꼈다.

나는 그해 잠시 일본에 들렀다가 8월 말이 됐을 때 앤아버로 돌아갔다. 고등학교 때 합격한 대학 학점 인증 시험의 학점과 1981년 방학 때 모인 학점을 합산했더니 조금만 더 열심히 하면 3학년 때 졸업할 수 있게 됐기 때문이다.

나는 천천히 계획을 세웠다. 그리고 문득 4학년으로서의 시간인 1년 동안 한국에 가서 지내면 어떨까? 하고 생각했다. 한국어를 배우면 내 삶이 어떻게 변할지도 궁금했다. 한국 사람은 일본어를 빨리 배운다는 것이 확실하기 때문에 반대로 일본어를 하는 사람이 한국어를 빨리 배울 수 있을 거라고 생각했다. 무엇보다 나는 한국을 더 알고 싶었다. 한국이라는 나라에 대한 관심이 있었지만, 거시적인 것보다 한국 사람에 대한 관심이 더 많았다.

당시 미시간대학교에는 한국어 과정이 없었지만 갈수록 한국어를 배우고 싶은 마음이 커졌다. 한국 대사관에 편지를 보내서 서울대학교와 연세대학교가 외국인을 위한 한국어 교육을 한다는 것을 알게 됐다. 외국인 중에서는 서울대학교 어학연구소를 다닌 유학생이 많았다. 등록금이 좀 더 저렴했기 때문에 나도 서울대학교에 가기로 했다.

서울대학교 어학연구소에 가기 위해 조금씩 준비를 해나가는 동안, 미시간대학교에서 영어를 공부하는 한국인 유학생이 내게 연락을 해왔다. 자기 집에 홈스테이하면서 동생들의 영어를 도와주면 어떻겠느냐고 제안했다. 내게는 고마운 기회였다.

1982년에 한국인 가정에서 짧은 홈스테이를 했기 때문에, 문화 차이가 있어도 잘 적응할 거라는 자신이 생겼다. 학점을 다 채운 후 1983년

8월 말에 졸업하자마자 서울행 비행기를 탔다. 김포국제공항에 도착했더니 그 학생의 어머니와 동생이 나를 기다리고 있었다. 서로 인사를 하고 약수고개에 있는 집으로 갔다. 동생들은 비교적 영어를 잘했다. 아주머니는 일본어를 중급 수준으로 할 수 있었기 때문에 의사소통은 문제되지 않았다.

시간이 조금 지나서 서울대학교 어학연구소의 한국어 수업이 시작됐다. 역시 '가나다라'부터 시작했는데, 소문대로 쉽다는 느낌이었다. 매일 4시간이 되는 긴 수업이 시작되기 전에 옛날식 어학 연습실에서 발음 연습을 30분씩 했다. 다행스럽게도 당시 서울대학교에서 사용하는 교과서는 뒤에 나오는 단어집 외에는 영어가 쓰여 있지 않았다. 영어를 통해서 한국어를 배울 수 없었다. 교과서 문법 중심으로 일본어를 공부했을 때처럼 혼자서 문법과 단어 중심으로 책상 앞에 붙어 앉아 공부하기 좋은 책이기도 했다.

수업이 시작된 지 일주일 만에 나는 일본어를 공부하던 방법 그대로를 재현했다. 즉, 학교에서 문법과 단어 중심인 따분한 책상 공부를 끝내면, 한국 사람과 소통을 많이 했다. 대화를 많이 하는 것이 늘 도움이 됐기 때문에 시장이나 젊은 사람들이 많이 모인 종로2가에 자주 갔다. 당시에 외국인이 많이 보이지 않아서 다니다보면 먼저 말을 붙이는 사람을 만나는 게 어렵지 않았다. 한국 생활에 익숙해지고 나서는 당시에 인기가 많았던 곳에 자주 놀러 갔다. 종로대학, 그랜드비어 같은 곳은 추억의 장소이기도 하다.

홈스테이를 하는 동안에는 동생들을 위해서 영어를 많이 사용했지만, 그 가족으로부터 기초 한국어 대화도 많이 배웠다. 홈스테이 하는 집의 부모님과 같이 일본어를 사용했기 때문에 매일 3개 국어를 사용했다. 일본 가정에서는 모두가 반말을 쓰기 때문에 친구끼리 하는 말은 그대로 해도 되지만, 당시 한국 가정은 부모와 대화할 때 존댓말을 사용해야 했다. 때문에 내가 그 집의 어른에게 부담 없이 말을 걸면 예의에 어긋날 거라는 걱정이 컸다. 그래서 한국어가 아닌 일본어를 계속 사용했다. 그들과 사용하는 일본어는 반말이 아니었다. 한국어의 합쇼체와 해요체에 해당하는 마스와 데스(ます, です)였다.

1년 동안 한국어를 배워나가면서 한국어를 사용하는 비중도 같이 커져갔지만 매일 한국어, 영어, 일본어를 함께 사용했다. 이것은 내 인생에서 처음으로 겪는 3개 국어 동시 혼용 시기였다.

서울대학교 어학연구소에서 1년을 마치면서 학교를 통해 한국어를 공부하는 시간도 끝이 났다. 그 이후부터는 혼자서 신문과 책을 많이 읽었다. 1986년부터 1993년까지 한국에서 영어를 가르치면서 한국 사람과 교류가 활발해졌다. 물론 외국인 친구도 있었고 가끔 모여서 가슴이 시원해질 만큼 영어로 대화를 할 때도 있었다. 하지만 한국 사람과 시간을 보낼 때가 훨씬 많았다.

1990년 중반부터는 꼼꼼하고 따분한 책상 공부가 필요하다고 느꼈다. 그 연습을 위해 고려대학교 고전 시가 전문가인 김흥규 교수의 『한국문학의 이해』를 영어로 번역하기로 했다. 책에는 현대어뿐만 아니라, 시조, 가사, 판소리 등 고어가 많았다. 한자도 많아서 이 책을 번역하는 것이 최고의 책상 공부가 됐다.

개인적으로 성공했던 어학법은 다음과 같이 분류해볼 수 있다. 문법과 단어 중심인 책상 공부가 첫 번째다. 그리고 이를 바탕으로 원어민과 교류하며 실제 생활에서 언어를 사용해보며 연습할 기회를 만드는 것이 두 번째다. 나는 공부하는 동안 이 두 영역을 균형 있게 나눴다. 그래서인지 외국어 수업을 무조건 흥미 위주로 이끌어나가거나 해당 문화권에 대한 호기심과 존중 없이 스펙을 위해 하는 어학 공부는 효과가 별로 없다고 생각하고 있다.

내가 찾은 어학법은 인적 교류가 깊이 이뤄지는 홈스테이와 격 없이 다가와준 수많은 한국 사람 덕분에 가능했다. 다른 외국인과 한국말로 대화할 때마다 그 고마운 마음을 가슴깊이 추억하고 있다.

북촌과 전주에 생긴
부티크 동네

: 　　　　　　　　2008년 8월, 한국은 여름이었다. 서울대학교 국어교육과 교수로 부임하기 전이라서 잠시 서울을 방문했다. 앞으로 동료가 될 학과 교수님들과 같이 저녁 식사를 했다. 필요한 신원 조사를 위한 서류 준비도 마쳤다. 주말에는 시간이 생겨서 인연이 깊은 북촌을 찾았다.

　그런데 앞으로 한국에 살 사람으로서 북촌을 다시 보았더니 어쩐지 그동안 알던 곳이 아닌 듯했다. 가회동 31번지에는 한옥이 전면 철거됐고, 그 자리에 지하실과 차고가 있는 새로운 한옥을 짓는다는 소문이 들렸다. 설마설마하며 가봤는데 현장을 보니 내가 들었던 소문이 맞았다. 정독도서관 앞길은 정비가 됐고 가회동 11번지는 설비 지중화와 도로 정비 사업이 한창이었다. 자세히 보면 옛날 그대로 남아 있는 집이 많았다. 계동길은 아직 소박한 동네 상가가 그 모습을 지키고 있었다. 군데군데 걱정스러운 변화가 보였지만, 북촌은 여전히 매력적이었다.

그날 가회동 31번지에 있는 좁은 골목을 끝까지 걸었다. 부분적으로 수리한 작은 한옥의 대문을 봤더니 주인아저씨가 나왔다. 영어로 "헬로"라고 인사하기에, 나는 한국어로 "골목 안까지 들어와 죄송해요"라고 했다. 주인아저씨는 웃으면서 안으로 들어와 집 구경을 해도 된다고 했다. 조심스럽게 대문을 넘어섰는데, 주인아주머니가 마당에서 빨래를 널고 있었다. 아저씨가 미8군에서 오랫동안 일하고 몇 년 전에 퇴직한 후 가회동에 와서 취미로 한옥을 수리하고 있다고 했다. 아저씨는 자랑을 하면서 집 구석구석까지 안내했다. 집 투어가 끝나고 나니 아주머니가 수박을 내왔다. 우리 셋은 마당에서 수박을 먹으면서 여유롭게 오래 대화했다. 우리가 있는 모습을 멀리서 보면, 영화에 나오는 장면 같을 거라는 생각이 들었다. 오후가 깊어갈 즈음 그 집을 나왔다. 인사를 나누고 서늘해진 북촌을 걸었다. 인사동으로 나와서 동네를 구경하다가 숙소가 있는 서울대학교로 돌아왔다.

책의 서두에 쓴 것처럼, 2009년 서촌의 난개발을 지켜보면서 북촌에 대한 관심이 더 깊어졌다. 그리고 한옥에 살고 싶었다. 2010년 한겨울에 북촌을 답사하면서 우연히 계동에서 마음에 드는 전면 수리한 한옥을 찾았고, 나는 이곳으로 이사를 결심했다. 그 후에 서촌에서 활동을 하게 된 것을 생각하면 계속 서촌에 사는 게 좋았을 테지만, 아무 규제 없이 높은 건물이 들어서고, 한옥 보존에 반대하는 재개발 지지자들의 강력한 의지를 보며 불안했다.

2010년 3월에 이사한 뒤 계동 생활이 시작됐다. 2008년 한여름, 소박했던 계동길 상가에 카페와 서양식 레스토랑이 들어오기 시작했다. 관광객은 더 많이 다녔다. 여기저기 손을 본 한옥도 많아졌다. 하지만 계동은 큰 대지가 없어서 화려한 신축 대신에 전면 수리한 집이 많았다. 가회동도 마찬가지로 관광객이 늘었다. 카페도 부쩍 많아졌다. 가회동은 지하실과 차고가 있는, 새로 지은 럭셔리 한옥도 늘었다.

봄이 되면서 동네를 많이 답사했는데, 북촌은 크게 보면 다섯 개의 마이크로 동네가 있다. 계동은 계동길 상가와 비교적 규모가 작은 집 중심으로 구성이 됐고, 옆에 원서동은 그와 반대로 1990년대 초에 작은 한옥을 다 철거하고 빌라촌이 들어섰다. 이곳은 채광이 아주 좋지 않고 상업 활동이 많이 없는 신기한 동네다. 서쪽으로 가면 가회동이 있다. 이곳에는 큰 집 중심인 11번지와 31번지가 있는데, 계동과 마찬가지로 상업은 길가에서만 허용하기 때문에 주택가 중심이다. 그리고 삼청동길을 중심으로 2000년대 초부터 관객이 많은 삼청동이 있다. 인사동과 자연스럽게 연결이 되는 안국동은 상가가 많고 북촌에서 가장 유명한 집인 윤보선 전 대통령 생가가 있다.

2010년 봄부터 관광객이 많이 늘어나면서 북촌의 문제에 대한 기사가 계속 나왔다. 가회동31번지는 주말마다 부자들의 별장을 중심으로 사람들의 놀이터가 되어갔다. 주중에는 아무도 살지 않는 이상한 곳이 됐다. 엎친 데 덮친 격으로, 부동산 값이 뛰면서 투기 대상으로도 자주 손꼽혔다. 실제로 거주하는 사람들은 관광객의 소음 때문에 고생하고 있었다.

당시에 계동에 살면서는 이런 문제가 심각하게 느껴지지 않았다. 주말 관광객이 많기는 했지만, 골목에 상업 시설이 없어서 밤에는 고요한 덕분이었다. 그리고 주변에 나무가 많아서 부엉이 울음소리도 들리고 가을에 낭만이 가득하다고만 생각했다. 골목 이웃들도 보통 사람이었다. 옆집 할머니는 자신의 집에서 40여 년을 살았다고 했다. 반대편 집에는 60대 부부가 있었다. 그 옆집에는 택시 기사와 한복을 만드는 아주머니가 있었다. 그 옆옆집에는 할머니와 회사 다니는 노총각이 살았다. 노총각이 골목 제설 작업을 잘해서 다들 고마워했다.

계동길 상가도 편하고 좋았다. 단골 슈퍼의 주인이 통장을 지내면서 옆집 할머니가 보이지 않을 때마다 내게 안부를 묻곤 했다. 서로 존중하면서 적당한 거리와 관심을 유지했다.

어락당이 될 한옥을 매입해두었기 때문에 언젠가 서촌으로 돌아갈 것을 늘 염두에 두고 있었지만, 2011년 후반부터 서촌에서 여러 활동으로 바빠지면서 마음이 북촌에서 서촌으로 흘러갔다. 서울대학교로 출근하고 서촌에서 활동하면서 계동은 잠만 자고 가는 곳이 돼버렸다. 2013년 초에 어락당을 완공하고 체부동으로 이사를 가서 나의 계동 시대는 어쩐지 조금 싱겁게 끝이 났다.

그 후로는 일이나 기분 전환을 위해 가끔 북촌에 갔다. 그러고 나니 새로운 눈으로 동네를 볼 수 있었다. 한국에는 깨끗하면서도 걷기 좋은 동네가 극히 적다. 아파트 단지를 제외하고 보통 동네는 3층에서 5층 건물로 된 빌라촌 중심으로 되어 있고, 좁은 길에 차가 많이 다닌다. 전선이 많이 달려 있는 곳도 더러 있어서 답답한 느낌을 주기도 한다. 뿐만 아니라 상가에는 덩치가 크고 색깔도 강렬한 간판이 많아 눈이 피곤할 때가 있다. 나무나 자연은 찾아보기가 어렵다.

북촌은 이러한 동네에 비하면 천국이다. 1층짜리 한옥이 밀집되어 있고 기와의 물결이 아름답다. 동네가 작아 아늑한 느낌을 준다. 골목은 좁아서 차가 다닐 수 없지만, 건물이 낮기 때문에 답답하지 않다. 골목 곳곳에 작은 나무와 화분이 보이고 주변에 산이 많아서 환경이 좋다. 그리고 지중화와 도로 정비 덕분에 동네가 시원하고 걷기 좋다. 여유 있게 걷고 싶고 좋은 환경에 살고 싶을 때 역시 이러한 부티크 동네(부티크처럼 예쁜 동네)가 좋다.

한옥에 워낙 관심이 많았기 때문에, 2012년 어락당을 수리하면서 집

..
2010년 봄부터 관광객이 많이 늘어나면서
북촌의 문제에 대한 기사가 계속 나왔다.

뼈대부터 섬세한 창살까지 한옥의 모든 것에 대해 알고 싶었다.

그 와중에 전주 한옥마을에 호기심이 생겼다. 나는 2012년부터 그곳을 종종 찾아갔다. 방학이면 주중에 가고 학기 중에는 주말에 갔다. 갈 때마다 북촌과 유사한 점을 많이 느꼈다. 주중에는 여유 있게 동네를 누비는 데 불편함이 없었다. 특히 밤이 되면 관광객이 사라져서 많이 조용해졌다. 주말은 인파가 너무 많아 불편할 때가 있었지만, 사람 구경을 실컷 하고 나면 생기는 즐거움이 있어서 싫지만은 않았다.

전주 한옥마을의 역사도 북촌과 유사한 면이 있다. 일제강점기에 일본이 조선 사람들을 조금씩 시내에서 쫓아냈고 조선 상인들은 1930년대에 시내에서 약간 떨어진 곳에 도시형 한옥 동네를 짓기 시작했다. 1940년대가 지나면서 더 이상 한옥을 짓지 않는 분위기가 형성됐다. 그래서 동네가 북촌처럼 독특한 곳이 됐다. 어느 전주 사람은 내게 이런 말도 해줬다. 1970년대에 박정희 전 대통령이 비행기를 타고 전주 위를 지나면서 한옥마을을 내려다보고는 이곳을 보존하라고 지시했다고. 나는 그 말이 사실이 아니더라도 1970년대 말부터 동네가 보존이 됐다는 점은 확실한 것 같다고 생각했다.

1983년에는 서울시가 가회동 31번지를 제4종 미관지구로 지정했다. 전주 한옥마을과 가회동 등 초기 보존 대상 지역에는 건축 규제가 엄격하게 적용됐다. 때문에 많은 주민이 불편을 느끼고 동네를 많이 떠나면서 주거 환경도 함께 악화됐다. 1990년대 말이 되어서야 동네 주거 환경을 개선해야 되겠다는 의견이 나왔고, 2000년대부터 공적 자금을 투입해 한옥 수리를 지원하기 시작했다. 그 후에 동네가 관광지로 급부상했다. 부동산 가격이 상승했고 독특한 가게와 공방이 부동산 가격에 영향을 받아 자리를 지킬 수 없게 됐다. 이제 그 자리에는 대기업의 체인점이 들어서서 몸살을 앓고 있다.

2014년 봄, 주말에 짬을 내서 전주 한옥마을을 한 번 더 찾았다. 인파가 명동 수준이었다. 한옥마을 구경은 일찌감치 포기하고 동문문화거리, 구도심, 그리고 전주천을 건너서 서학동을 구경했다.

2013년부터 북촌과 마찬가지로 전주 한옥마을이 지나치게 상업화되어서 유네스코의 슬로 시티 인증이 없어질 수도 있다는 보도가 나오기 시작했다. 주말의 인파 때문에 숙박 시설의 부족함과 교통 혼잡에 대한 소문도 났다.

주말에 사람이 붐비는 것을 제외하고 나는 북촌과 같은 이유로 전주 한옥마을을 좋아한다. 한옥이 밀집해 있기 때문에 골목이 아늑하면서 답답하지 않다. 바둑판처럼 배치된 큰길과 깨끗하게 정비된 인도는 넓고 시원하다. 그리고 마당과 인도 옆에 나무나 녹지가 많아서 좋다. 특히 오전과 저녁에 걸으면 한국 특유의 풍류와 품위를 즐길 수 있다. 천천히 걸으면 먹거리나 쇼핑 이외에도 볼거리가 많다. 전주경기전, 전동

성당은 물론, 우석대학교 전주한방문화센터나 완판본문화관과 같은 작은 박물관이 많다.

전주는 내게 한국의 교토다. "일본에, 교토가 있어서 좋다(日本に 京都 があってよかった)"라는 교토 홍보 포스터에 나오는 말처럼 "한국에, 전주가 있어서 좋다"고 생각하게 됐다. 한옥마을뿐만 아니라 남부시장 옥상에 있는 공방, 카페, 서학동의 작은 갤러리, 동문길의 헌책방, 구도심에 있는 관광 안내 책자에 나오지 않은 맛집, 한옥 카페, 그리고 안주가 그냥 나오는 막걸리 집도 좋다. 교토를 떠올리면 일반적으로는 전통이라는 단어를 떠올리는 사람이 많다. 그런데 내게는 전통이라는 말보다는 풍류라는 말이 떠오른다. 교토와 전주는 내게 그런 곳이다. 전통은 실제 생활과 단절된 관광 상품이 존재하는 느낌이라 흥미를 느끼지 못할 때가 많은데, 나는 전주와 교토에서 즐거움을 느끼기 때문에 풍류가 더 어울린다고 생각한다.

2000년대에 들어오면서 골목과 오래된 동네를 재발견하는 게 유행이 됐다. 서촌처럼 재개발 대상인 오래된 동네에 관심이 특히 많아졌다. 바깥에서 보기에 재개발을 반대하며 그대로 보존하자는 말은, 한국 상황에서 진보적 입장처럼 보일 수 있다. 하지만 변화를 반대하는 관점에서 보면 보수적인 생각일 수도 있다. 부티크 동네는 겉으로 보면 부유하고 상업 시설이 잘되어 있기 때문에 보수적인 동네라고 생각할 수 있지만, 변화를 수용하는 관점에서 보면 진보적이다.

비판하기 쉬운 대상으로는 새로 지은 한옥과 상업 목적으로 개조된 한옥이 있다. 새로 지은 한옥은 이 시대에 맞게 진화하고 있다고 볼 수 있다. 좀 더 시간이 지나 한옥이 어떻게 모습을 바꿔왔는지를 살필 수 있다면, 개조된 한옥들은 매우 창의적인 문화 산물로 볼 수 있을 것이다.

부티크 동네인 북촌과 전주 한옥마을은 긍정적으로 환경을 개선시키면서도 독특한 풍류를 느끼게 한다. 그리고 한옥을 창의적으로 재해석하고 새로운 숨결을 불어넣어서 늘 좋다.

변화에도 흐름이 있다

： 　　　　　　　2008년 가을, 내가 다시 한국에 온 건 15년만
이었다. 그 사이에 1년에 두세 번 정도 학회와 여행 때문에 한국을 방문
했지만, 잠깐 방문하는 것과 생활하는 것은 차이가 크다. 그 사이에 한
국은 물리적으로 많이 바뀌었지만 그 변화의 흐름을 대강 알고 있었다.
무엇보다 오랫만에 옛날에 같이 지냈던 사람을 친구와 만나면서 세월
이 많이 흘렀음을 느꼈다. 당연한 이야기지만 나의 한국 현대사를 정리
할 기회가 되어서 시원했다.

한국 땅을 처음 밟은 것은 1982년 여름이었고 처음 살게 된 것은
1983년이었다. 석사학위를 받고 1986년부터 다시 한국에 와서 1993년
까지 살았다. 그래서 흥미롭게도 나는 한국에 살면서 격동의 1980년대
를 봤다. 이 시대를 지낸 사람을 386세대라고 한다. 나는 1961년 12월

오랫만에 옛날에 같이 지냈던 사람을 만났다.

세월이 많이 흘렀음을 느끼며

'나의 한국 현대사'를 정리해봤다.

15일에 태어났다. 대학은 1980년에 입학했고 1990년대에 30대가 됐기 때문에 자기 소개를 할 때 "386 초기 모델"이라고 말한다. 나의 세대를 일컬어 386세대라고 하기 때문이다.

세대는 한 덩이로 묶을 수 있지만, 한국과 미국의 문화 차이만큼 저마다 자란 환경과 문화적 배경이 많이 다르기는 하다. 1980년대에 한국에 살았을 때는 미국과 생활수준의 차이를 느꼈다. 1960년대 중산층에서 태어난 사람은 보통 수선 화장실, 중앙난방, 그리고 온수 나오는 단독주택에 살았다. 집집마다 자동차는 한 대씩 있었다. 1980년대에는 큰 집과 새로 지은 아파트 몇 단지를 제외한 평범한 주택은 불편하고 낙후되어 있었다. 화장실은 냄새가 지독한 경우가 많았고 겨울에는 집이 추웠다. 한방에 식구들이 모여서 다 같이 잠을 청했다던 그 시대다.

생활수준뿐만 아니라 정치도 많이 달랐다. 미국은 완벽하지 못한 민주국가였다. 앤아버에 살 때는 정치와 선거에 관심이 많았다. 예를 들면 처음으로 투표권이 주어진 1980년 대통령 선거 때, 나는 당시 카터 대통령과 공화당 후보인 로널드 레이건을 싫어했다. 때문에 무소속 후보인 존 앤더슨을 지지하고 그에 대한 홍보물을 집집마다 인사하면서 전달하는 열의도 보였다. 반면 한국은 그 당시 전두환 대통령의 독재국가였다. 1983년 가을에 알게 된 학생과 대화하면서 "다음 선거가 언제 있느냐"고 물었을 때 "우리나라에는 선거가 없다"는 대답을 듣고 충격을 받았다. 학생 몇 명이 함께 시내를 다니면 경찰들이 강제로 가방을 열어 보여달라고 했다. 나는 그 당시 한국 사회가 기본적인 인권을 지켜 주지 않는다는 것을 피부로 느꼈다. 가끔 친구가 재미로 보는 책이 검문에서 문제가 될 것같으면 내게 가방을 들어달라고 하고 아무 검색 없이 지나갔다.

그런데 그 낮은 생활수준과 억압된 정치 속에서도 사람들은 낙천적이었다. 1982년 한국에 왔을 때 처음 느꼈지만, 무뚝뚝한 표정 뒤에는 근본적으로 밝고 낙천적인 성향이 있었다. 그래서 어려운 80년대에 미래에 대한 기대가 많았던 것 같다. 88서울올림픽이 잘 끝나면 한국이 곧 선진국이 될 거라는 믿음이 강했던 것도 그런 이유 때문일 거다. 그 믿음이 강했기 때문에 당시 대통령에 대한 미움도 강했던 것 같다. 독재는 선진국이 갖추는 정치 형태가 아니기 때문에, 국민이 경제 발전뿐만 아니라 정치 발전도 이뤄져야 된다고 생각했던 게 아닐까. 그래서 당시의 대통령을 좋아하는 사람이 극히 적었던 것 같다. 88서울올림픽 준비 뒷면에는 국민들의 불신과 불만이 많아 보였다.

그 불신과 불만은 1987년의 6월 민주항쟁으로 폭발했다. 그때 나는 대전에 있는 한국과학기술대학(현재 KAIST)에서 교양 영어를 가르치고 있었다. 나는 주말마다 서울에 올라갔다. 1980년대에 많은 한국 사람은 한국어를 할 줄 아는 외국인을 만나면 조심스러운 표현으로 정치 이

야기를 했다. 1987년 봄에 택시를 타고 대전역에 갔는데 기사가 전두환 대통령을 "두환이"라고 불러서 놀랐다. 서울에 갔다 와서 1979년 이란 혁명을 경험한 외국인 동료에게 이야기했더니, 이란의 혁명 초기 단계와 비슷하다고 했다. 동료는 당시 한국의 대통령을 지목하며 대통령으로서의 수명이 앞으로 얼마 남지 않은 것 같다고 했다.

여기서 중요한 것은 1980년대 때 젊은 층이었던 386세대가 그들의 윗세대와 달리 사회적 불만을 바깥으로 표현했다는 점이다. 그 이전 세대는 한국전쟁 이후에 어려운 시대를 겪었다. 유신체제도 겪었기 때문에 정치를 기피해야 살아남을 수 있다는 의식이 강한 반면, 386세대는 가진 것이 없어서 그런지 항복보다 저항을 선택했다. 그런 면에서는 1960년대 베트남전쟁을 반대한 베이비붐세대와 비슷한 점이 많다. 두 세대가 나라의 모순에 대해서 참지 못하고 거리에 나가서 변화시키려고 그랬고 결국에는 승리했다. 한국은 1987년 6.29선언을 통해 대통령 직선제를 도입했지만, 그해 당선된 사람은 전두환 전 대통령의 친구인 노태우 전 대통령이었다. 미국은 보수적 공화당 대통령 후보인 리처드 닉슨을 뽑았지만 점차적으로 베트남 철수를 시작했다.

한국의 386세대와 미국의 베이비붐세대가 젊은 시절 커다란 투쟁에서 승리했기 때문에, 자신 있게 사회에서 다른 변화도 요구할 수 있었던 것 같다. 그들은 사회 변화의 주역이 됐다. 그것 때문인지 윗세대와 그 다음 세대는 그들과 늘 관계가 불편하다. 윗세대에게는 건방지다는 인상을 주고 그 다음 세대에게는 경제가 좋을 때 사회에 나갔기 때문에 '다 해먹는다'는 인상이 있어서 비판적으로 보는 사람이 많다.

나는 통계적으로 베이비붐세대에 속하지만 1980년대 초에 대학을 다녔기에 정신적으로는 그 다음 세대인 X세대에 가깝다. 베이비붐세대의 대표적 정치가인 빌 클린턴, 힐러리 클린턴, 그리고 조지 부시에게는 호감이 별로 안 가고 대신 동갑인 버락 오바마를 좋아한다.

한국을 보면 마찬가지다. 386세대가 나이를 먹으면서 저항의 정서가 비슷한 노무현 후보를 대통령으로 당선시켰다고 본다. 그래서 노무현 대통령이 2009년에 세상을 떠났을 때 386세대가 가장 많이 아파했다고 본다. 노무현 전 대통령을 영웅으로 생각하는 것도 그런 맥락일 것이다. 윗세대에서는 노무현 대통령 지지율이 약했고, 정치 불신이 강한 다음 세대가 그의 죽음을 안타까워했지만, 그를 영웅으로 생각하지는 않는 듯하다. 그들은 새로운 정치를 기대하고 있다.

그런데 한국의 386세대가 미국의 베이비붐세대와 큰 차이를 보이는 게 하나 있다. 바로 성장 배경이다. 미국 베이비붐세대는 미주 국가에서 태어나고 자랐지만, 한국의 386세대는 독재국가에서 태어나고 강력한 유신체제 때 학교를 다녔다. 이러한 독재시대의 교육은 2001년에 히트했던 〈친구〉라는 영화에 잘 나타난다. 그래서 그런지 386세대가 정치적

..

2008년에 한국에 다시 살게 되면서 386세대와 거리감을 느꼈다.

하지만 그들의 믿음과 자신감 덕분에 한국이 이만큼 민주화됐다고 생각한다.

이슈를 위해서 잘 뭉치지만, 대화의 능력이 부족하다. 남자들에게서 주로 보이는 권위주의적 형태, 형·동생의 관계가 튼튼하다. 그런 만큼 수평적 관계가 어렵다. 그리고 사회에서 여자와의 관계도 부담스럽다. 잘 뭉친다는 것은 386세대의 자신감을 반영하면서 힘이 될 수 있지만, 한편으로는 공격적인 이미지를 준다.

내가 386세대를 흥미 있게 생각하는 또 다른 이유는 끝이 없는 반미 감정 때문이다. 윗세대가 미국을 '큰 집'으로 여기는 반면, 386세대는 적으로 본다. 그 다음 세대는 미국을 크게 생각하지 않는다.

386세대는 유신체제 밑에서 전체주의적 민족주의와 반공 교육을 받았다. 하지만 대학에 가서 그 내용 중에 거짓말이 있다는 것을 알게 되면 그중 일부는 좌파 사상에 관심을 갖는다. 1960년대 반전 중심지 중에 한곳이었던 앤아버에서 자란 사람으로서, 좌파 사상에 대해 이렇게 생각한다. 위험한 것이 아니라 정치적 이념 중에 하나일 뿐이라고. 오히려 깊은 갈등을 부르는 건 민족주의, 애국주의다. 이 두 가지가 차별, 갈등, 전쟁의 원인이 되는 낡은 사상이다.

그래서 그런지 내가 겪은 1980년대는 사회적으로 학생들의 반미 감정에 묘하게 반응했다. 나는 베트남전쟁과 워터게이트 사건으로 닉슨 대통령이 사임한 이후의 세대다. 나는 정부가 늘 거짓말을 하고 있다고 생각했기 때문에 한국 정부나 미국 정부가 거짓말을 하는 것은 당연한 일이라고 여겼다. 그래서 정부를 향한 한국 사람들의 강한 반감을 이해하지 못했다. 게다가 다른 나라의 우방국이 되는 것은 이익 때문이고, 미국이라는 나라는 모순이 많은 국가이기 때문에 그들의 실망도 공감하기가 어려웠다. 오히려 미국에 거는 기대가 이상할 정도로 높다고 생각했다. 미국이 한국을 지킨다는 통념은 오히려 미국의 우월주의를 재생산하는 것이다. 때문에 한국에도 자체적으로 나라를 지킬 수 있는 능력이 있다고 생각했다. 그래서 반미 감정 이야기가 나올 때마다 기분이 상하지 않고 시원하게 넘길 수 있었다. 1988년부터 고려대학교 영어교육과에서 학생들을 가르치게 되면서 5.18민주화운동에 관한 미국의 책임 문제에 대해 학생들과 대화를 나눌 기회가 있었다. 분위기는 부드러웠고 학생들과 나이 차이가 크지 않아서 편안했다.

　1983년 11월, 레이건 대통령이 한국을 방문했다. 국회의사당에서 하는 연설이 시내버스 라디오 방송에 나왔다. 승객 중에는 박수를 치는 사람도 있었다. 그 당시에는 미국의 외교정책 모순 때문에 미국을 큰집으로 보는 친미적 입장을 이해하기 어려웠다. 내가 반응하지 않자, 그 사람이 같이 박수 치자는 눈치로 나를 쳐다봤다. 답답했다. 젊은이의 이상주의적 생각일 테지만 레이건 대통령이 한국 인권에 대해서 조금이라도 언급했으면 좋았을 거라고 생각했다. 나는 레이건 대통령을 좋아하지도 않기에 도중에 버스에서 내려버렸다.

그런데 더 어려운 건 민족주의였다. 지금도 그렇지만 1980년대에는 보수적 민족주의와 진보적 민족주의가 공존했다. 소위 진보적 민족주의에서는 자극적인 분위기에 동화되어 민족주의를 외치는 사람을 어렵지 않게 만날 수 있었다. 나는 그런 사람들은 진짜 진보가 아니라고 생각한다. 그런데 아주 조심스럽게도, 누가 '진짜'인지 아닌지를 구분하려는 생각 안에는 우월주의가 포함되어 있다. 나는 그런 예민한 문제들을 고려하면서 진보적 민족주의를 취하는 사람들을 이해해보려고 많이 노력했지만 쉽지 않았다. 이제는 민족주의적 태도가 강한 사람과 소통이 워낙 안 되던 경험 때문에 그런 사람들을 기피한다.

　그 이유에는 두 가지 측면이 있다. 하나는 전쟁과 갈등을 부르는 민족주의에 대한 생리적 반감이다. 또 하나는 개인적인 것인데, 민족주의는 한국에 살고자 하는 나를 배척하는 것 같기 때문이다. 즉, 내가 한민족에 포함되지 않기 때문에 민족주의는 원래 타자인 나의 존재를 더 멀리해서 불편했다. 내가 성장해온 모국의 문화를 버리고 한국 사람이 되고 싶은 마음은 없지만, 그냥 한국에 거주하며 한국 사회의 구성원으로서 평범하게 지내고 싶기 때문이다. 2008년부터 다시 한국에 살았을 때도 그랬다.

　나이만 보면 나는 386세대다. 나이가 중요한 한국 사회에서, 나와 가장 친한 한국인 친구들도 대부분 이 세대다. 그런데 정신적으로는 미국의 X세대에 속한다. 믿음 그 자체에 불신이 많은 한국의 2030세대와 비슷한 면도 많다. 그래서 그런지 2008년에 한국에 다시 살게 되면서 386세대와 거리감을 느꼈다. 내 윗세대보다는 다음 세대와 시간을 보내는 것이 더 편했다. 이제 386세대의 믿음과 자신감을 받아들이기 어렵게 되었다는 것을 인정할 수밖에 없다. 하지만 그들의 믿음과 자신감 덕분에 한국이 이만큼 민주화됐다고 생각한다.

아름다움 안에서 생활하다

:   2003년 봄에는 교토에서 기차로 2시간 거리
인 가나자와로 갔다. 가나자와는 에도시대에 부유하고 힘이 있던 가가
번 밑에서 번영했다. 덕분에 문화가 풍성한 도시가 됐다. 이곳은 에도시
대 당시 인구가 10만 명이 넘었다. 일본 도시 중에는 다섯 번째로 인구
가 많았던 곳이다.

  가나자와는 19세기 지도를 들고 관광해도 무리가 없을 정도로 옛것
이 많이 남아 있다. 옛날 골목, 옛날 사무라이 집, 그리고 가나자와 성의
옛 해자 등 관광을 열심히 하고 시내에 가서 식당이 모인 길을 찾던 중,
고급 생활 용품을 파는 가게 앞을 지나게 됐다. 쇼윈도에 케멕스 커피
메이커가 있었다. 당시 일본에서 찾기 힘든 물건이라 정말 놀랐다. 케멕
스는 독일의 어느 화학자가 자신의 실험 도구인 플라스크를 응용해서

..

주말이나 학교에 일이 없을 때는 어머니와 나가서 교토를 구경했다.

새롭게 발견하는 것들이 많았다. 좋은 추억을 많이 만들었다.

만든 커피 기구다. 어렸을 때부터 집에 있던 것이라 매우 친숙했다. 아버지가 커피를 아주 좋아했는데, 주말이 되면 케멕스로 커피를 내렸다. 나는 그 모습을 또렷이 기억한다. 아버지는 어머니와 신혼일 때 건축가 친구의 추천으로 케멕스를 구입했다. 아버지가 쓰던 그 케멕스는 교토 집에 있었고 손님을 맞이할 때 케멕스를 내오면 모두 이렇게 커피 내리는 모습을 처음 본다며 즐거워했다고 했다. 일본에서 케멕스를 알아본 일은 부모님 곁에서 형성된 미적 감각에 관한 하나의 예시에 지나지 않는다. 아버지가 1946년부터 48년까지 교토에 복무하는 동안, 옛날 모습을 그대로의 유지한 교토를 주말마다 구경했다. 나는 일본 고유의 간결한 미감에 빠져 있었다.

우리 집에는 케멕스뿐만 아니라 찰스 임스, 그리고 그의 부인인 레이 임스가 디자인한 라운지체어가 있었고, 대부분은 아버지의 의자였다. 그 외에도 임스 부부가 디자인한 일반 의자가 몇 개 더 있었다. 베니어판으로 만든 의자가 내 침실에 있었고, 내가 어렸을 때는 이 의자가 동물처럼 생겼다고 판단해서 동물 의자라고 불렀다고 한다. 집에는 조지 넬슨이 디자인한 벤치도 있었다. 부모님의 경제력이 부유한 축에 속하는 것은 아니었지만, 두 분이 모던한 것을 좋아했기 때문에 기회가 되면 조금씩 구입했다. 그리고 아버지가 총각 때 돈을 잘 쓰곤 해서, 그때 임스의 유명한 라운지체어를 구입했다고 한다. 미국에서 일반적으로 가구를 부를 때 소파 또는 아버지의 의자라고 부르는데, 우리 집에서는 임스 의자 또는 동물 의자라고 했다. 디자이너의 이름이나 의자에 붙은 별명으로 의자를 가리켰다.

아버지가 건축과 디자인을 알게 된 건 고등학생 때다. 그래서 교토에 더욱 관심을 가졌다. 1948년에 제대하고 미국으로 돌아온 뒤에는 미시간주립대학에 입학했다. 대학 3학년 때 할머니와 할아버지는 디트로이트 교외에 새로운 집을 짓고 싶어 했는데, 아버지가 설계했고 삼촌과 같이 시공했다. 집 외관이 독특하고 가족이 함께 지었다는 흥미 있는 이야기 때문에 완공할 때 「디트로이트 뉴스」라는 유력한 지역 신문에 사진과 함께 기사가 났다. 이 집은 특별히 일본의 영향을 받기 보다는, 당시 미국의 모던한 주택에서 영향을 받았다.

아버지는 프랭크 로이드 라이트를 좋아했다. 라이트처럼 지루한 상자를 싫어했다. 거실 천장은 경사가 있는 형태였고 아주 넓은 유리창 때문에 바깥과 연결된 것처럼 활짝 열린 인상을 줬다. 집은 아주 아기자기했다. 나는 어렸을 때 할머니와 할아버지 집에 갈 때마다 부엌 옆 다락에서 노는 것을 좋아했기 때문에 할아버지의 아늑한 독서실에 눌러 앉기 일쑤였다.

할머니와 할아버지 집의 정원은 규모가 큰 편이었다. 원예학을 공부한 할아버지가 정원 가꾸기를 아주 좋아했기 때문에, 같이 정원에 나가서 할아버지와 긴 시간을 보냈다. 할아버지 곁에서 정원 가꾸는 법을 배웠고 식물에 대한 관심도 그때 생겼다. 가을이면 낙엽을 모아서 큰 식탁에서 앉아 그것들을 종류별로 분류했다. 그러면 할아버지가 오셔서 나무 이름을 가르쳐주곤 했다.

어머니는 건축이나 디자인과 인연이 없었지만, 아버지 때문에 자연스레 관심을 두게 됐다. 그래서 어렸을 때부터 부모님이 건축과 디자인에 대해 대화하는 걸 늘 들으며 자랐다. 시내에서 드라이브할 때 두 분이 집에 대해 나누던 이야기도 잘 기억하고 있다. 여행할 때도 건축적으로 흥미 있는 집을 찾아다녔다.

그런데 1971년에 아버지가 갑자기 뇌졸중 때문에 입원을 했다. 결국 왼발을 쓸 수 없게 됐고, 왼쪽 다리에도 장애가 생겼다. 다행히 언어 기능에는 문제가 없었다. 이렇게 해서 당시 운영하던 파이프 오르간 회사가 해산이 됐다. 집안은 경제적으로 어려움에 빠졌다. 어머니가 알뜰한 덕분에 겨우 버틸 수 있었다. 어머니는 학교에서 보조 교사 일자리를 찾았다. 그 후에 미시간대학교 교육대학원에 입학해 교육 심리학을 공부하면서 미시간대학교 시간강사를 했다. 우리 집이 조금씩 안정을 찾은 건 그때부터다.

내가 중학교에 들어가면서 자연스럽게 건축가가 되고 싶은 마음이 생겼지만, 고등학교 때는 이과보다 문과 공부를 더 좋아했다. 1학년을 마친 뒤에는 일본 홈스테이 경험 때문에 관심이 언어와 문화 쪽으로 흘러갔다. 대학 때 일본어와 일본 문화를 공부하던 것의 연장선으로, 한국어와 한국 문화를 공부하다보니 언어에 대한 관심이 깊어졌다. 한편으로는 건축과 디자인에도 늘 관심을 두고 있었다. 1983년 서울대학교에서 한국어를 공부하던 때에 처음으로 북촌에 가서 한옥을 보고 깊은 감동을 받았던 것도 내재화된 건축에 대한 관심 때문이었다.

그런데 1984년 여름에 한국어 공부를 마치고 미국에 돌아가기 바로 직전에 어머니에게 전화가 왔다. 아버지가 다시 뇌졸중 때문에 입원했으니 빨리 미국에 돌아오라는 내용이었다. 황급히 항공권 시간을 바꿔 겨우 도착했는데, 어머니가 눈물을 흘리고 계셨다. 아버지의 임종을 지키지 못했다. 충격과 슬픔은 오래갔다.

1990년대에 들어서면서 박사 과정을 시작했다. 얼마 뒤에는 일본에서 교수로 생활하게 됐다. 그런 와중에도 건축은 늘 나의 마음을 사로잡은 분야였다. 2001년 교토대학교 교수로 부임하면서 다시 건축에 관심을 가졌다.

교토에서 집을 임대할 때는 예금을 집주인에게 줘야 한다. 일본은 임대가 비싼 편이다. 당시에 집을 살 생각은 없었지만, 알아보니까 지상권으로 집을 싸게 매입할 수 있는 방법이 있었다. 철학의 길이라는 교토에서 유명한 관광지가 있다. 나는 이 길을 좋아하는데, 집을 구하기 위해 교토를 방문했을 때 이 주변에서 1950년대에 지어진 지상권 집이 마음에 쏙 들어서 계약을 했다. 가격은 1,100만 엔(약 1억 1,000만 원). 매년 땅 주인인 사찰에 32만 엔(약 320만 원)이라는 지대(地代)를 내야 했다. 지상권을 소유하기 때문에 수리는 마음대로 할 수 있었다. 이사 오기 전에 불편한 점 몇 가지를 손봤고 2002년 3월에 이사했다. 4월에 학교가 개강했고 그렇게 교토 생활이 시작됐다.

철학의 길 주변은 아주 조용하고 자연 환경이 잘 갖춰진 동네였다. 이사 온 봄에 벚꽃이 살짝 폈고 6월에 반딧불이가 날아다니고, 한여름에 매미가 크게 울었다. 가을에는 붉은 단풍을 봤다. 겨울에 내리는 눈은 건물들과 조화로워서 아름다웠다.

계절마다 새로운 변화가 있어서 살기에 지루하지 않았다. 집도 1950년대 초에 지은 것이라서 전통 가옥은 아니었지만, 부엌과 거실의 일부를 빼면 모두 타다미 방이었다. 거실 타다미 부분 앞에는 작은 정원이 있어서 아주 교토다운 분위기였다.

마땅한 집을 찾았을 때 이메일과 전화로 어머니와 계속 이야기를 했다. 어머니는 봄에 오겠다고 했다. 이사 소식을 알린 지 얼마 안 되어서 어머니와 5주 정도를 같이 지냈다. 주말이나 학교에 일이 없을 때는 어머니와 나가서 교토를 구경했다. 새롭게 발견하는 것들이 많았다. 좋은 추억을 많이 만들었다.

..
교토라는 먼 이국땅에서 부모님과 깊이 연결되는 느낌을 갖는 게 신기하지만,
그것도 내 인생이라는 생각을 해본다.

어느 날은 같이 식사를 하다가 아버지가 살았던 곳에 대한 이야기가 나왔다. 아버지는 관광지로 유명한 헤이안진구 뒤의 무술 연습장이 있는 부토쿠덴에 살았다. 내가 사는 집에서 1킬로미터 거리였다. 당시 아버지가 찍은 사진을 갖고 있는데, 날씨가 좋은 토요일에 사진 한 장을 들고 아버지 흔적을 찾아 부토쿠덴으로 갔다. 아버지가 살았다던 양식 기숙사 건물은 철거가 됐고, 그 옆에 새로운 건물이 들어왔다. 당시 군대가 식당으로 사용한 일본식 기와 건물이 그대로였다. 이 건물은 중요 문화재로 지정이 되어서 부토쿠덴이 미군 시설로 사용이 됐다는 말도 나왔다. 그 건물 옆에는 정원이 있었다. 사진을 보니까 정원에 있는 돌의 모습도 그렇고 변한 것이 거의 없었다. 그 작은 발견에서 기쁨을 느꼈다. 천천히 구경하면서 세상을 떠난 아버지와 소통하고 있는 것 같았다. 슬픔 속에 반가운 순간도 있었다.

6월 중에 어머니가 다시 미국으로 돌아갔다. 내가 교토에 사는 동안 어머니는 2003, 2004, 그리고 2005년에 약 5주씩 교토에 머물렀다. 그때마다 함께 밖을 구경하다보니 우리 둘은 교토 전문가가 됐다. 한곳을 오랫동안 여러 번 답사하면 관광 안내 책만으로는 알 수 없는 동네 불상과 같은 작은 문화재, 알려지지 않은 건물, 오래된 가게 등을 알게 된다. 우리는 항상 흥미로운 발견을 했다. 지금 생각하면 황금 같은 시절이었다.

2010년 늦은 봄에 갑자기 어머니 건강이 악화되기 시작했다. 나는 봄 학기가 끝나자마자 미국에 갔고 여름 내내 어머니를 간호했다. 원인은 위암이었고, 말기라는 것을 알게 됐다. 어머니는 많은 고통을 겪다가 그해 10월 말에 세상을 떠났다. 학기 중이라 장례식을 치르고 서울로 돌아왔다.

충격과 슬픔을 혼자 견디는 것은 어려운 일이었다. 어머니에 대한 추억과 소통을 하고 싶어서 12월 수업을 마치고 교토에 갔다. 호텔 수속을 끝내자마자 철학의 길을 찾았다. 흐린 초겨울이었다. 평일 오후라서 사람이 거의 없었다.

철학의 길 입구. 자그마한 어머니와 같이 자주 쉬었던 전망 좋은 벤치에 앉아서 오랫동안 눈물을 흘렸다. 수많은 추억이 집에 걸려 있었는데, 나는 대문 앞에서 조용히 또 눈물을 흘렸다. 계속 걸으면서 어머니가 좋아하던 교토의 전통 계피 과자인 야츠하시 가게에 가봤다. 그렇게 여기저기를 계속 걷다가 교토대학교에 도착했다. 옛 동료 교수와 저녁 약속이 있어서 연구실로 갔다.

그 후에 몇 번 더 교토에 갔고 갈 때마다 부모님 생각이 났다. 어떨 때는 눈물이 나기도 했다. 그런데 눈물을 흘리고 난 뒤에는 늘 기쁜 마음으로 교토를 떠났다. 이곳에서 부모님과의 추억을 떠올릴 수 있는 기회가 있기 때문이다.

교토라는 먼 이국땅에서 부모님과 깊이 연결되는 느낌을 갖는 건 늘 신기하다. 이런 부분도 내 인생이라는 생각을 해본다. 늘 부모님께 감사드린다.

나를 감동시킨 익선동

:   동네에 대한 정보를 손쉽게 알아내는 방법이 있다. 그 동네를 잘아는 사람에게 물어보는 것이다. 내가 서촌에 한옥이 많다는 것을 안 건 포털 사이트의 지도를 보고 난 뒤였다. 어느 맑은 주말에 북촌을 오랫동안 거닐었는데 당시 살고 있는 교수 아파트로 돌아가서 사대문 안에 한옥이 많은 동네가 있을까 호기심이 생겨 인터넷에서 동네 지도를 검색했던 것이 그 시작이다. 항공사진을 보면서 체부동, 누하동, 통의동 등에 기와집이 많이 있다는 것을 알았다.

그 인연으로 서촌에 처음으로 가봤다. 동네의 독특한 분위기를 좋아하게 됐고, 나는 서촌의 주민이 됐다. 살면서 동네의 모든 역사를 멸시할 재개발을 반대했고 곳곳에서 일어나는 난개발도 반대했다. 동네를 보존하기 위해서 여러 활동을 시작했다.

보존(保存)과 보전(保全)을 구분 짓지 못하는 사람들을 위해 간단히 설명하자면 두 단어는 이렇게 다르다. 환경과 자연적 경관을 이야기할 때 '보전'을 쓴다. 특정 유물이나 건축물은 '보존'을 많이 사용한다. 여기서 이 구별을 인정하면서 후손을 생각하는 말을 쓴다면, 후손을 위해서 잘 지키고 전해주겠다는 의미로 보전(保傳)이라는 새로운 단어를 사용하고 싶지만, '잘 지키는'이라는 의미에서 보존으로 통일하겠다.

여기서 중요한 것은 한옥이다. 북촌 사례를 보면 한옥이 많기 때문에 경관 전체를 보존하게 됐다. 다른 도시도 그렇지만, 특정한 건물을 역사적 가치가 있다고 판단하면 그 건물을 보존 대상으로 지정할 수 있다. 서울시만 봐도 그런 건물이 많다. 고궁은 물론 서울역이나 한국은행과 같은 일제강점기 건물도 그렇다. 경관보다 건물이 가치가 있기 때문에 건물 주변은 개발이 가능하다. 논란 없이 개발이 되는 경우도 있다. 그런데, 북촌의 경우 중요한 건물 몇 개보다 한 시대에 지어진 수많은 건물이 모인 경관이 가치가 있어서 넓은 지역을 보존해야 된다.

2008년에 서촌이 재개발 위기에 빠졌을 때는 경관 전체를 보전할 명분이 필요했다. 그 명분이 바로 한옥이었다. 그런데 여기서 문제가 발생했다. 서촌은 북촌처럼 한옥이 밀집된 지역이 적었다. 북촌처럼 넓은 한옥 밀집 지역이 있었으면 재개발 이야기가 2000년 후반까지 생명력을 얻지 못했을 것이다. 북촌이 뜨기 시작한 2000년 이후에 한옥도 하나의 주거문화로 인식이 됐고, 가치 있는 건축물이라는 평가도 받게 됐기 때문에 서촌 자체가 아주 막연한 역사적 골목이 아니라, 가고 싶고 이해하고 싶어지는 대상이 될 수 있었다. 유명한 예술가 몇 명이 살았던 집이 여기저기 있다는 것을 강조하면 그 집만 보존 대상으로 지정될 가능성이 있어서 오히려 역효과가 있을 것 같았다. 그래서 서촌의 재개발과 난개발을 반대하려면 한옥의 가치와 보존의 중요성을 거듭 강조할 수밖에 없었다.

이때부터 한옥은 정치적 목적을 위해서 활용될 수 있는 명분이 됐다. 2010년에 서울시가 경복궁 서측 지구단위계획을 수립해서 서촌이 재개발 위기의 그늘에서 조금씩 벗어나기 시작했지만, 난개발 때문에 한옥이 계속 조금씩 없어지고 있었다. 그때 나는 근본적인 문제가 무엇인지를 고민하기 시작했다.

2012년 겨울방학 때 호기심이 나서 인터넷에서 지도 검색으로 동네를 자세히 봤다. 종로3가에서 북쪽으로 전혀 몰랐던 한옥 밀집 지역을 발견했다. 주변에도 한옥이 많았다. 그리고 서울대학교병원 바로 옆에 한옥 밀집 지역이 있는 것도 알 수 있었다. 창신동, 용두동에도 있었다. 이미 잘 알려진 혜화동, 성북동, 동소문동 곳곳에 한옥이 보였다. 아쉽게도 예전에는 한옥이 많았던 돈암동과 안암동에서는 찾아보기가 어려웠다.

주말에 서촌에서 활동하면서 알게 된 건축가 친구와 북촌을 답사하기로 했다. 계동, 원서동을 구석구석 걷고서 종로3가 뒤에 있는 한옥 마을에 가자고 했더니 그 친구가 위치를 대강 알고 있었다. 우리는 익선동 쪽으로 출발했다. 창덕궁 앞에 있는 돈화문로에서 북쪽으로 가 익선동에 도착했다. 옛날 한옥만 나란히 있어서 답답했던 주위 경관이 갑자기 시원해졌다. 옛날 한옥이라고 하면 타일 화방벽이 많다. 창문은 전통적 띠살보다 유리 조각이 큰 아자(亞字)살 또는 용자(用字)살이 대부분이다. 시간이 많이 흐른 만큼 부분적으로 증축이나 변경이 된 모습도 쉽게 찾을 수 있었다.

천천히 익선동을 걸으면서 가장 눈에 띄었던 것은 한옥 이외의 건축물이 없다는 점이었다. 남과 북으로 이어지는 골목 네 개가 나란히 있는데, 양쪽에 한옥만 있어서 이 일대의 한옥 비율은 100퍼센트였다. 한옥으로 유명한 가회동31번지조차도 1990년대에 연립주택이 조금 들어온 상황에서, 서울 한복판에 한옥 비율이 100퍼센트가 되는 동네를 볼 수 있다는 것은 매우 귀중한 체험이었다.

3년 동안 서촌에서 계속 한옥을 생각하고 공부했지만, 익선동에 대한 이야기가 나오지 않았다는 것이 의아했다. 서울시가 조사해서 만든 한옥 관련 자료에서도 보지 못했고 사람들에게서도 들어보지 못했다. 내가 한국 건축사 또는 한국 도시 역사 전공자가 아니기 때문에 그럴 수

있다고 생각했다.

한국에서 역사적 경관을 보존할 때 중요하게 살펴야 하는 점이 있다. 한 지역에서 같은 시기에 지어진 건물들은 한 덩이로 보고 가치를 높게 봐야 한다는 것이다. 이런 경우는 건물뿐만 아니라 동네의 옛 경관 전체를 볼 수 있기 때문에 살아 있는 박물관이 된다. 한국은 20세기에 식민지, 전쟁, 빈곤, 급속한 공업화라는 변화를 겪으면서 도시 경관도 급격히 변했는데, 1930년대에 지은 건물들이 그대로 남아 있는 익선동은 역사적으로 매우 귀한 곳임이 틀림없다.

걷다가 마지막 골목 끝에 뜰안이라는 한옥 카페가 보였다. 바깥에서 조금 쳐다보다가 안으로 들어갔다. 온돌방 앞에 신발을 벗고 마당 쪽에 넓은 유리창 앞에 앉았다. 매우 친절한 분이 주문을 받으러 왔다. 나중에 알게 됐지만, 그곳의 사장님이었고 김애란 소설가였다. 천천히 차를 마시고 계산하면서 주인에게 동네에 대해서 물어봤다. 재개발이 언제 될지 모른다고 하면서 동네 거주자 대부분은 어르신들이고 몇 년 전에 비해서 조금 깨끗해졌다고 했다. 재개발이라는 말이 나오자 충격을 받았지만, 그 이야기를 더 오래하면 부담스러울 것 같아서 참았다. 골목으로 다시 나와서 친구와 저녁을 먹으러 가는 길에 나도 모르게 익선동은 재개발하면 안 된다고 반복해서 말했다.

그날 집으로 돌아가 익선동에 대해서 열심히 알아봤다. 역시 재개발에 대한 보도가 많았다. 기사에는 새로운 건물이 들어서는 의미가 무엇인지 언급하는 부분도 있었다. 한옥에 대한 정보는 거의 없었지만, 2010년 오진암 철거에 대한 기사, 구가도시건축 조종구 대표의 신문 기사 정도를 찾아볼 수 있었다. 서촌에서 재개발을 강력하게 반대했던 내가 생각났다. 몇 시간을 더 걷다보니 이런 재개발을 꼭 막아야겠다는 순진한 생각이 들었다.

'한국은 왜 역사적 가치를 전혀 생각하지 않을까? 무조건 옛것은 다 철거하고 어디서나 찾아볼 법한 특색 없는 건물을 그렇게 쉽게 지을 수 있는 걸까? 이유가 무엇일까?'

오랫동안 생각을 해봤는데 나 스스로는 답을 할 수 없었다. 도대체 이해할 수 있는 심리가 아니었다.

방학이 끝나기 전에 익선동에 몇 번 더 갔다. 한 번은 처음에 같이 갔던 친구와 건축과 학생과 동행했다. 그때 위에서 동네를 내려다보고 싶어서 문이 열린 건물로 들어가 옥상에 올라갔다. 눈이 온 지 얼마 안 되어서 눈 덮인 기와가 예뻤다. 군데군데 비닐로 기와를 덮은 집도 많았다. 이것은 집주인이 기와를 유지할 수 있는 돈이 없거나, 있어도 재개발 때문에 집을 유지하는 의미가 없다는 표시다. 그래도 전망이 대단했다. 익선동은 말 그대로 서울 한복판에 있는 커다란 섬이었다.

방학은 끝났지만, 익선동에는 계속 관심을 가졌다. 재개발에 대한 정보를 교환하기 위해서 페이스북에 '익선동을 생각하며'라는 그룹을 조심스럽게 만들었다. 익선동에 대한 학술 발표가 몇 개 있었다. 나는 관련 논문을 자세히 읽었다. 2013년에 서울대학교 김경민 교수가 「프레시안」에 기고한 익선동에 대한 글도 도움이 많이 됐다. 그리고 익선동의 가치를 알리기 위해서 답사를 몇 번 더 했다. 한 번은 외국인 회원이 많은 왕립아시아학회에서 답사를 했다. 2013년 가을에 열린 문화 행사 '흐르는 골목'의 일환으로도 동네를 답사했다. 기회가 있으면 글을 통해서 익선동을 소개했다. 그리고 계절이 바뀌었다. 나는 익선동을 찾아 돌아보고 뜰안에 가서 마음 편하게 쉬곤 했다.

서촌의 경우 적극적으로 나서서 주민 몇 명과 같이 개발 반대 운동을 했지만, 익선동은 나서지 않고 조용히 지켜보는 방법을 선택했다. 익선동 주민도 아니고 부동산 소유자도 아니기 때문에 한국적 사고방식을 따르자면, 내가 나설 수 있는 입장이 아니었다. 2012년에는 재개발이 추진 위원회 단계였다. 재개발 공사를 시작할 가능성이 높지 않았다. 2008년 서촌이 겪은 일과 상황이 많이 달라서 어느 정도는 안심할 수 있었다.

익선동은 갈수록 정이 드는 곳이었다. 익선동에는 일자형 한옥, 즉 내부 마당이 없는 집이 두 채 있었다. 그 집의 내부가 어떻게 되는지가 늘 궁금했다. 2013년 가을에 건축과 학생과 어느 집 앞에서 용기를 내어

..

한국은 왜 역사적 가치를 생각하지 않을까?

벨을 눌렀다. 학생이 집주인에게 사정을 설명했더니 문이 열렸다. 키 작은 할머니가 집에서 나왔다. 막내아들이 건축을 공부했으니까 우리에게 문을 열어준다고 했다. 고맙다는 인사를 하고 방문 목적을 설명했더니, 따뜻하게 집을 안내해줬다. 설명 도중에 할아버지가 나와서 집에 대한 설명을 덧붙였다. 우리는 그 집의 다락까지 볼 수 있었다.

주인할아버지는 택시 기사를 오래했다고 했다. 거실 벽에 걸린 가족사진을 보면서 자녀 셋을 대학에 보낸 것을 자랑했다. 옛날식 컬러 사진에는 할아버지가 젊었을 때 모습이 담겨 있었고, 할아버지의 자녀 셋이 앳된 모습을 하고 있었다. 나는 사진을 보면서 깊이 감동받았다. 추억이 많은 집에 가족사진이 가장 눈에 띄는 위치에 있다는 것은 아름답기 때문이다. 이 노부부가 정말로 열심히 살았다는 느낌이 들었다.

2014년 봄에 숙명여자대학교에서 익선동에 대한 특강을 했다. 날씨 좋은 주말에 뜰안에 가서 특강한 이야기를 사장님께 들려줬더니, 뜰안에서도 한 번 하면 좋겠다는 제안을 받았다. 우리는 날짜를 정했다. 강연을 며칠 앞두고 주민을 많이 초대했다고 해서 나는 청중을 생각해 강연 내용을 조금 수정했다.

강의 날이 됐다. 뜰안은 사람으로 꽉 찼다. 그중에 30년, 40년씩 한집에서 계속 살아온 할머니 몇 분이 왔다. 강의가 끝난 뒤에는 질문도 하고 인사를 해주는 사람도 있었다. 자리를 함께한 분들의 얼굴을 두루 살펴보는데, 그 전해 가을에 대문을 열어준 할머니가 보였다. 동네에 오랫동안 거주해온 할머니들, 학생들. 그리고 그 사이에 새로운 문화를 창조하려고 하는 사람들이 다 한자리에 모여서 소통하는 모습이 너무나 아름다워서 익선동에서 다시 깊은 감동을 받았다.

2014년 8월 중순 한국을 바로 떠나기 직전이 됐다. 나는 뜰안에서 촬영된 영화 〈카페 서울〉을 뜰안에서 보기로 했다. 한일 합작 영화이지만, 일본에서 더 잘 알려져서 영화를 보고 뜰안을 찾는 일본 손님이 많아진 시기이기도 했다. 영화를 보러 온 사람 중에는 익선동에서 만난 사람들이 많았다. 천천히 차를 마시면서 영화를 본 뒤, 밤늦게까지 대화했다. 서울의 숨은 섬 같은 한옥마을에서 점차 사라지는 한국 사람의 여유와 배려를 보니 감동적이었다. 한국 특유의 정이 살아 있는 것을 거듭 확인했다. 그리고 8월 31일, 마음 편하게 한국을 떠났다.

옛날 한식 밥상을 그리워하며

: 　　　　　　　　2002년 4월에 교토대학교 교수로 부임했다. 새로 설립할 외국어 교육론 석·박사 과정이 2003년부터 시작될 예정이었다. 임시로 비교언어학 대학원 강의 한 과목을 맡게 됐지만, 강의가 시작하는 날에 출석부를 받았다. 학생 중에는 김 씨 성을 가진 한국 남학생이 1명 있었다.

　강의 시간이 되자 김 군이 연구실에 들어왔다. 내가 한국어로 "안녕하세요?"라고 말을 붙였는데, 그는 일본어로 대답하면서 "재일 코리안"이라고 했다. 서로 인사를 나누면서 내가 한국과 맺은 인연, 김 군의 교토 생활 등에 대해 많은 이야기를 나눴다. 김 군이 조총련계 집안에서 태어나고 자랐지만, 북한에 대한 애정이 없었기 때문에 '조선'이라는 말 대신에 중립적인 단어인 '코리안'이라는 말을 사용했다.

..

일본 음식보다는 한국 음식을 먹을 때
제대로 밥을 먹었다는 느낌이 항상 들었다.
일본 생활이 길어지면서 오히려 더 그랬다.

학생이 1명이었기 때문에 강의 내용을 같이 생각했다. 우리는 재일 한국인 문학의 언어 사용에 대한 분석이라는 테마를 정했다. 내가 이미 재일 한국인 문학 중 대표작을 몇 권 읽었지만, 김 군이 많이 읽지 못해서 내가 그에게 책을 권하고 우리는 그 내용에 관해 대화했다. 개강한 지 한 달이 됐을 때, 연구 조교를 채용할 수 있게 됐다. 나는 그 역할을 김 군에게 부탁했다. 김 군은 데이터 정리와 자료 찾기 등의 일을 맡았다.

어느 날 연구실에서 일하다가 저녁 시간이 됐다. 근처에 한국 식당이 있으면 좋겠다고 말했더니 음식 잘하는 집이 걸어서 10분 정도 거리에 있다고 했다. 큰길 골목 안에 있는 일본식 가정집이었다. 한국에서도 타다미방이 있는 가게에서 일식을 가끔 먹었지만, 일본에서 타다미방에 앉아 된장찌개를 먹는 것은 처음이었다. 일본이기 때문에 반찬의 양이 한국보다 적었지만, 된장찌개가 맛있었고 만족스러운 식사였다. 그래서 그날 잘 먹고 나서 김 군을 보내고 다시 연구실에 돌아가서 기쁜 마음으로 일했다.

처음 일본에 자리를 잡아 적응이 되고 보니 1995년이었다. 일본 음식이 보여주는 다양성이 인상적이었다. 일식은 물론 각국의 요리를 쉽게 접할 수 있다는 것도 신기했다. 슈퍼에 가면 양식을 위한 재료도 많이 볼 수 있었다. 스시나 가이세키 같은 고급 일본 음식은 예술품 같았다. 녹차와 말차 같은 차 종류도 그랬고, 먹는 과자도 늘 좋았다. 반면에 라면, 야키 소바, 카레 같은 서민적인 음식도 입맛을 사로잡았다. 이자카야의 다양한 안주도 입에 맞았다.

그럼에도 불구하고 일본 음식보다는 한국 음식을 먹을 때 제대로 밥을 먹었다는 느낌이 항상 들었다. 일본 생활이 길어지면서 오히려 더 그랬다. 다행히 88서울올림픽 때 시작된 한국 음식 붐이 2002년 월드컵 때 다시 힘입어 식당이 많아졌다. 규모가 있는 도시라면 쉽게 한국 음식을 접할 수 있을 만큼이었다. 교토에 살았을 때 가끔 오사카의 코리아타운에 가서 식사를 해결했다. 그곳에서 한식 재료를 구입하기도 했다. 가고시마는 한국 사람의 수가 적었지만, 한국 음식이 인기가 높아서 식당이 몇 개 있었다. 내가 사는 동네에도 한국 식당이 있었고, 나는 결국 그 집 단골이 됐다.

한국 음식은 양도 많아서 좋지만, 야채를 많이 사용해서 매력적이다. 김치와 같이 발효된 음식이 많은데 부드럽게 데친 나물도 다양하다. 그리고 매운 음식이 많은 만큼이나 순한 맛이 매력적인 음식도 많아서 좋다. 일식은 생선 요리가 맛있지만, 야채는 주로 소금, 된장, 간장, 초 등에 절이는 츠케모노이기 때문에 신선한 것보다 발효된 것이 훨씬 많다. 그래서 그런지 가정집이나 식당에서는 샐러드가 조금씩 나오는 경우가 많다. 한국 음식은 야채를 많기 사용하기 때문에 일본에서는 웰빙 음식으로 꼽히기도 한다. 건강을 위해서 한식을 먹는 사람도 많다. 그리고 매운맛이라는 자극을 찾는 사람도 한국 요리를 좋아한다.

여기서 흥미로운 것은 일본 사회 현상으로서의 한국 음식이 인기라는 점이다. 일본은 국가 형성 시기를 두 종류로 나누어 볼 수 있다. 대륙 문화를 환영하면서 외국 문화를 열심히 받아들이는 시기와 문을 닫고 내부에서 문화를 발시키는 시기가 그것이다.

외국 문화를 받아들일 준비가 된 이유는 일본 내에서 뭔가 부족하기 때문이다. 군사 독재 및 전쟁으로 가득했던 1930년대와 40년대를 제외하고, 1868년의 메이지유신부터 지금까지는 외국 문화를 열심히 받아들이는 시기다. 처음에는 유럽 문화 중심으로 받아들였는데, 제2차 세계대전 이후에는 그 중심이 미국으로 옮겨갔다. 2000년대에 들어와서는 한국 문화를 조금씩 받아들이기 시작했다.

그런데 일본에 없고 한국에는 있는 것이 있다. 무엇일까? 1980년대 말에 일본은 거품 경제가 꺼지고 나서 불경기가 시작됐다. 미국처럼 갑자기 많은 사람이 해고되거나 불경기의 표시가 사회적으로 바로 눈에 보이지 않았다. 대신 일본답게 조용히 수면 밑에서 불경기가 퍼졌다. 1997년 말에 아시아 금융 위기로 경제난이 더욱 심해졌고, 회복에 대한 기대가 사라졌다. 이 분위기 속에서 일본이 필요로 했던 것은 활기였다. 2002년 월드컵 때 시청 앞에 가득 모인 인파가 보여준 열정은 당시 썰렁한 일본 월드컵 분위기와 대조되는 활기였다. 한국 드라마에서 볼 수

..

2008년 가을에 다시 본격적으로 한국에 살게 됐는데
음식이 옛날과 같지 않다는 것을 느꼈다.
반찬, 특히 나물 반찬에 대한 애정이 1980년대 한국에 처음 왔을 때부터 생겼기에
내게는 이 부분이 가장 실망스러웠다.

있는 뜨거운 감정 또한, 마음을 감춰야 하는 일본 사람에게는 활기로 보였다. 마찬가지로 매운 한국 음식도 순한 일본 음식에 비하면 활기와 같은 맥락처럼 보였다.

가고시마대학교에서 교양 한국어를 가르쳤을 때, 공부를 잘하는 한 여학생이 수업이 끝난 뒤 충격적인 이야기를 했다. 한국어를 배우는 것은 매우 즐겁다고 했다. 내가 놀란 것은 그 이후의 말이었다. 그 학생은 내 수업 덕분에 부모님에게 한글을 가르칠 수 있었다고 했다. 부모님에 관한 이야기가 궁금해서 설명을 좀 더 해달라고 부탁했다. 그 학생은 매주 토요일 저녁에 한국 요리를 하는데, 수업 시작하고 나서 식사가 끝나면 부모님에게 한글을 가르친다고 했다. 후식 대신에 한글이라는 것이다. 이 말을 듣자 매우 반가웠다. 한국 음식으로 뭘 먹느냐고 물었더니 비빔밥, 파전, 된장찌개 등 내가 아는 음식 이름이 나왔다. 학생은 어머니와 함께 식사를 준비한다고 했다. 일본 열도 남쪽 끝에 있는 한 가정이지만, 활기를 찾는 2000년대의 일본을 잘 상징하는 듯했다.

나도 같은 시기에 활기가 필요했을지도 모른다. 2008년 8월에 가고시마 생활을 마치고 한국으로 생활 터전을 옮긴 건 그런 이유에서였던 것 같다. 일본에 살면서 한 해에 두세 번씩 한국을 방문하고, 한국 음식을 자주 먹으러 가곤 했다.

2008년 가을에 다시 본격적으로 한국에 살게 됐는데 음식이 옛날과 같지 않다는 것을 느꼈다. 가장 실망스러운 것은 반찬의 양이 줄어들었다는 점이다. 나오는 반찬 중에 어묵과 같은 가공식품으로 만든 것도 많아졌다. 학교 식당은 원래 기대를 많이 하지 않지만, 다른 일반 식당도 그랬다. 그리고 시내에 나가면 반찬 잘하는 집을 찾기가 어려워졌다. 대신에 커피 맛이 좋았다. 옛날에는 찾기 어려웠던 와인바도 쉽게 찾을 수 있었다. 독특한 요리, 양식, 패스트푸드, 카페가 눈에 띄게 늘었지만, 백반을 잘 하는 집은 찾기 어려웠다.

반찬. 특히 나물 반찬에 대한 애정이 1980년대 한국에 처음 왔을 때부터 생겼기에 내게는 이 부분이 가장 큰 고통이었다. 그때는 한국 음식의 차림이 밥, 국, 반찬으로 되어 있었다. 반찬 중에 생선 반찬만 나오는 경우도 있었다. 그럴 때는 쇠고기보다 많이 먹었다. 일본 가정집은 한국의 가정처럼 반찬을 다양하게 내지 않는다. 그래서 한국에서만 볼 수 있는 다양한 반찬의 차림과 주재료로 채소를 쓰는 음식 문화는 내게 굉장히 인상적이면서도 흥미로운 부분이었다. 나는 종종 화려하게 식사하고 싶을 때 1980년대 후반을 지나 1990년대 초에 인사동에 자리잡은 사찰 음식 전문 식당인 산촌과 강원도 나물 전문 식당인 진부부일식당에 갔다.

한국에 정착하면서 맛있는 식당을 조금씩 발견했다. 사회 활동이 바빠지면서 집에서 밥을 안 하게 되니 외식에 의존하는 비중이 늘었다. 서촌에 처음 이사 왔을 때 발견한 식당은 단골이 될 만큼 애용했다. 반찬을 맛있게 하는 집을 특히 좋아했다. 통인시장에 있는 곽가네음식의 반찬은 종류가 다양하고 뷔페식으로 자유롭게 먹을 수 있었다. 그 집의 무조림을 평생 잊을 수 없을 것이다. 또 하나는 누하동의 옥이네식당이다. 반찬에서는 늘 계절감을 느낄 수 있었다. 바쁠 때 편하게 밥을 먹고 싶으면 그곳이 최고였다. 그리고 2014년 봄부터 한옥에서 전통찻집을 하는 선인재가 나물 중심으로 맛있는 웰빙 비빔밥을 시작해서 자주 갔다.

곽가네음식이나 옥이네식당에서도 반찬 가짓수가 줄어드는 것을 볼수 있었다. 나로서는 재료가 비싸서 그런 건지, 인기가 없어져서 그런 건지 이유를 생각해보게 됐다. 큰 마트에 가면 야채가 풍부했지만 나물보다 샐러드용이 더 많이 보였다. 내가 느낀 한국의 변화 중 하나다. 통인시장과 같은 오래된 시장도 야채나 과일이 많지만, 나물이 한정되어 있었다.

2012년 봄에는 나물로 유명한 경동시장에 갔다. 마트에 없는 것이 많았다. 다른 세상을 보는 듯했다. 그 주 주말에 동네에서 파티가 있을 예정이라서 나물을 가져가면 좋겠다는 생각이 들어 여러 개 샀다. 생각해보니까 한국 사람들이 옛날처럼 반찬을 먹지 않는다는 말이 맞는 것 같다. 그래서 마트와 시장에서도 나물 종류가 다양하지 않다. 식당에서도 찾기가 어렵게 됐다.

문제는 나물을 제외하면 반찬이 될 수 있는 재료의 다양성이 떨어진 다는 것이다. 2013년 늦봄에 혼자서 전주에 갔는데, 원도심 주변에 있는 오래된 백반집을 알아냈다. 아주 만족스러운 식사를 했다. 다음날도 원도심에서 우연히 비빔밥집을 발견했다. 이곳에서도 반찬이 아기자기하게 많이 나왔다. 서울과의 가장 큰 차이는 김치 종류와 나물이 더 많이 나온다는 것이었다. 서울 음식보다 덜 달고 가공식품으로 만든 반찬도 적다는 것이 차이점이었다.

　2014년 11월에는 뉴욕으로 갔다. 그곳에서 한국어 교사 양성 과정 강사로 한 달 동안 뉴욕 퀸스에 있는 코리아타운에 살았다. 놀랍게도 반찬을 다양하고 맛있게 하는 식당이 많았다. 어떤 식당에 가면 서울보다 반찬이 다양하고 나물도 잘 나왔다. 숙소 근처에는 단골집인 명산이라는 식당이 있었다. 언젠가는 한 번 혼자 간 적이 있는데 다른 손님과 인사를 하다 "서울보다 맛있어서 신기하다"고 말했더니, 그 손님도 웃으면서 그렇게 생각한다고 그랬다. 막걸리를 마시고 있었는데, 합석해서 이모저모 잡담을 나누며 즐거운 시간을 보냈다. 나중에 알게 됐지만 그 식당은 집에 있는 정원과 뉴욕 외곽에 있는 농장에서 직접 나물을 키우는 한국 사람에게 나물을 유통받고 있었다. 한인 사회가 점차 고령화되고 있는데 나물을 좋아하고 그리워하는 계층이 많아서 수요가 있는 것 같았다.

한국을 떠난 뒤 나 스스로에게 신기한 점을 발견했다. 교토에서든, 서울에서든, 뉴욕에서든, 다른 세상에서 태어나고 자란 내가 한국에서 나고 자란 한국 사람처럼 음식을 통해 향수를 느꼈다는 것이다.

나는 골목의 정취가 좋다

:   2010년대에 접어들면서 한국에 흥미로운 유행이 많이 생겨났다. 그중 하나가 골목의 재발견이다. 같은 시기에 확산됐던 SNS를 보면 골목 그룹, 골목 답사, 골목 사진, 관련 글 등을 쉽게 만날 수 있다. 나도 2008년 말에 서촌을 발견하면서 서울의 골목을 새로 보고 생각을 많이 했다. 그리고 재개발 문제를 알게 됐다. 이런 위기를 극복하기 위해 동네 고유의 가치를 찾기 위해서 노력했다. 서촌의 경우, 골목은 매우 중요한 역할을 한다.

서촌에서 골목을 처음 발견한 것은 아니다. 골목을 가장 처음 접한 건 고등학생 때였다. 그리고 대학생이 된 후 도쿄에서 홈스테이를 하면서 본격적으로 골목을 체험했다. 도쿄의 덩치가 커진 때는 도쿠가와 이에야스가 권력을 장악하고 내전이 사라진 에도시대였다. 도쿠가와 가

서촌 홀릭

족이 계속 일본을 통치하기 위해서 여러 수단을 도입했는데 그중에 하나가 에도의 복잡한 길이었다. 교토가 바둑판처럼 알기 쉬우면 지도를 보고 위치를 쉽게 찾을 수 있게 되고, 그러면 통치가 더 어렵기 때문에 에도의 길을 복잡한 동심원 모양으로 만들었다. 그 중심에 에도성이 있지만, 곧바로 접근하기는 어려웠다. 그래서 도쿄에는 작은 길과 골목이 많다.

내가 젊을 때 이런 풍경에서 신기함을 느끼곤 했다. 1982년에 일본을 여행하면서 오노미치라는 작은 도시에 사는 친구 집에 머문 적이 있다. 우리는 오래된 시내를 걸으면서 1명씩 지나갈 수 있는 좁은 골목을 처음 만났다.

도쿄에서 처음 만난 골목의 모습을 1980년대 서울에서도 봤다. 당시 서울의 골목은 도쿄보다 좁고 더욱 매력적이었다. 1983년 가을에 서울대학교에서 한국어를 공부하면서 대학생의 놀이터인 종로2가에 자주 갔다. 피맛골과 종로1가 뒤에 있는 무교동에서 술을 마셨다. 무교동의 골목은 낙지 다리처럼 예측할 수 없는 방향으로 이어져서 낙지골목이라고 부르기도 했다. 좁은 골목에 1층 건물, 규모 작은 술집 등이 많았다. 피맛골은 술집 이외의 식당도 있었다. 나는 유명한 남도식당에 가끔씩 갔다.

종로2가뿐만 아니라 1980년대에 북촌을 걷기 시작한 이후로 인사동도 자주 걸었다. 경인미술관에서 종종 차를 마시기도 했다. 당시 서울 골목의 매력은 단순한 신기함보다 계획되지 않은 유기적 도시 경관에 있었다. 그 속에서 사람의 흐름을 느낄 수 있었기 때문이다. 지금도 그렇지만, 골목은 큰길보다 변화의 속도가 느리기 때문에 그 속에 담긴 추억을 찾아볼 수 있다. 그리고 골목에는 차가 없기 때문에 사람의 무대가 된다. 그래서 늘 새로운 발견이 있다. 추운 겨울밤에는 귀가하려는 사람이 빨리 걷고, 더운 여름에는 차가운 벽에 몸을 가까이 한 채로 천천히 걷는다. 장마 때 우산 하나를 같이 쓰는 젊은 연인도 있고, 날씨 좋은 봄날에 잡담하는 주민과 상인도 볼 수 있다.

1995년 교토에 처음 살았을 때도 골목을 만났다. 당시 내가 살던 집이 기모노 옷감 상업 중심지인 니시진 지역에 가까웠다. 집 근처에 오래된 집이 나란히 있는 골목이 있었다. 두부 공장이나 녹차 공장과 같은 지역 산업도 있었다. 매일 출퇴근하면서 오래된 교토를 더 자세히 알게 됐다. 2000년대에 다시 교토에 살게 됐는데 더욱 깊이 있게 교토를 알아가면서 무리한 개발로 변화하는 시내에 관심을 갖게 됐다.

교토를 보존해야 된다는 생각이 강하게 들었지만 그 생각은 교토를 낭만적으로, 어떻게 보면 오리엔탈리즘적으로 이해했기 때문에 든 생각인 것 같았다. 오래된 것, 전통적인 것을 지키는 것이 선이고 없애는 행위는 악이라는 이분법적인 사고도 영향을 줬다. 시간이 가면 갈수록

서울 골목의 매력은 단순한 신기함보다
계획되지 않은 유기적 도시 경관에 있다.
그 속에서 사람의 흐름이 느껴지기 때문이다.

일본에서 만난 골목의 모습을

1980년대에 서울에서도 볼 수 있었다.

교토의 오래된 경관에 대한 생각이 조금 더 다양해졌다.

관광 안내 책에는 교토가 일본의 고도(古都)이며 전통문화의 중심지라고 쓰여 있다. 내용은 글자 그대로가 맞지만, 1868년 메이지유신 이후에 교토는 다른 의미를 갖는다. 왕이 갑자기 도쿄로 이사하자 교토는 존재의 의미를 잃었기 때문에, 새로운 의미를 찾아야 했다. 그것은 바로 공방 중심으로 된 전통문화 및 관광 사업, 그리고 대학이 됐다.

1877년에 설립한 제국대학 내부에서 불화가 표출이 되어서 자유를 찾는 학자들이 두 번째 제국대학인 교토제국대학을 1897년에 설립했다. 자유 학풍을 강조하는 교토제국대학이 1930년의 파시즘에 억압을 받지만, 제2차 세계대전 이후에는 교토대학으로 개명했고 우수한 연구로 명성을 얻었다.

그리고 공방과 작은 회사 중심으로 교토에서 발전한 산업은 도쿄의 관료주의적인 대기업과 대조적인 성향을 보인다. 21세기에 들어서면서 교토는 일본 주류 사회에 대한 대안을 상징하고 그 가능성을 보여줌으로써 존재의 의미를 찾았다.

그렇게 보면 교토의 골목 보존도 단순한 낭만주의보다는 일본 경제를 20퍼센트 정도 차지하는 건설업에 대한 대안이라고 할 수 있다. 즉, 빨리 짓고 몇 년 후에 부수고 다시 재건축하는 방법 대신에 운치가 있는 오래된 집을 조금씩 고치고 '재생'의 가능성을 보여주는 것이다. 재생은 그대로 주거를 목적으로 해도 되고 카페 또는 갤러리가 될 수도 있다. 이 시대가 요구하는 내용 중심으로 사용하는 것이다. 그리고 집을 보존하기 위해서 골목을 보존해야 되고, 골목을 보존하기 위해서 집을 보존해야 하기 때문에 이 두 가지를 분리해서 생각하면 안 된다.

교토가 서촌의 대안 모델이 될 것이라고 생각한 후에 서촌을 다시 봤다. 2008년 말에 역사를 존중하고 오래된 경관을 보존하면서 도시 재생을 보여주는 사례는 북촌뿐이었다. 북촌은 재개발의 위험에서 벗어났지만, 그 성과까지 의미 있으려면 비슷한 방법으로 다른 지역을 보존하고 재생해야 했다. 이것은 바로 서촌이 보존되어야 하는 의미와 맞닿아 있었다. 재개발을 중지하고 보존을 위한 지구단위계획을 도입한 서울시는 도시 전체 경관과 동네의 역사성을 잘 이해했다. 그래서 서촌을 보존하기로 결정했을 거라고 생각한다.

북촌 보존을 추진하는 동안, 서울시는 한옥의 역사적 가치를 중심으로 보존 계획을 세웠다. 하지만 서촌의 경우에는 한옥뿐만 아니라 현재 골목의 바탕이 된 역사성 깊은 옛길과 물길을 포함해서 계획을 세우는 것이 더 적합한 접근 방식이라고 생각했다.

이렇게 보면 서촌의 가치는 역사적 경관에 있다. 그 경관이 1990년대부터 무분별한 개발로 완벽하지 못하게 됐지만, 그 미완성인 경관조차도 깔끔하기만 한 데서 자란 아파트 키드와 나이를 먹어가면서 향수를 느끼는 베이비붐세대에게 매력적인 곳이 됐다. 그래서 멀지 않은 옛날의 사진을 찍고 멋진 데이트 배경으로 서촌을 소비한다. 소비라는 말에 부정적인 어감이 있는 것은 사실이지만 어쩔 수 없는 현실이다. 어떻게 보면 서촌과 같이 오래된 풍경을 소비하는 것은 한국의 교육 수준이 올라갔음을 뜻한다. 역사와 문화에 대한 호기심이 그만큼 높아졌다고 해석할 수 있기 때문이다.

그런데 여기서 달동네 사진을 찍은 김기찬 작가 생각이 난다. 김기찬은 서울이 급성장하던 시기에서 형성된 달동네를 흑백 사진에 담았다. 지금 생각해보면 멀지 않은 옛날이지만, 그 사진에 나오는 풍경에 생활 터전을 잡은 사람들은 물리적으로 고생을 많이 했다. 불법으로 지은 달동네에는 수돗물이 없었다. 물을 아랫동네에서 길어다 가져와야 했다. 집이 좁고 추웠다. 즉, 사진 속 사람들은 더 밝은 미래를 기대하며 서울에 왔고, 노동으로 생계를 꾸리며 고생하며 산 사람들이다. 김기찬의 사진에 나오는 웃고 떠드는 아이들 대부분이 나와 비슷한 나이일 것이다. 이렇게 지금은 낭만적인 추억이 깃든 듯이 보이는, 추억을 소비하는 무대로 보는 골목 역사에는 그런 엄청난 고생이 깃들어 있다. 때문에 골목의 가치를 인정하기 어려워하는 사람도 있다.

그래서 넓은 관점으로 골목의 가치를 볼 때, 역사적인 접근보다는 다양성이 적고 전체주의적 경향이 짙은 한국 사회에 도움이 되는 대안으로 풀어내야 되지 않을까. 도시 평론으로 유명한 제인 제이콥스는 1961년에 출간한 책『미국 대도시의 죽음과 삶』에서 이렇게 말했다.

"지루하고 활력이 없는 도시는 자기 멸망의 씨앗밖에 될 수 없다. 반면에 활기차고, 다양하고 에너지가 넘치는 도시는 자기 재생의 씨앗이 될뿐만 아니라 사회가 전체적으로 안고 있는 문제에 대한 답이 될 수 있다."

즉, 사회 문제에 대한 해답을 위해서, 문제를 해결할 가능성을 높이기 위해서 도시에 다양한 경관이 필요하다. 다양한 생활 방식을 지원해야 한다. 서촌처럼 곳곳에 골목이 있고 작은 집이 많은 동네는 전체 도시 경관 중에 아주 작은 하나일 뿐이지만, 그곳이 존재함으로써 서울은 재생의 씨앗을 갖는다. 언젠가 도시 재생 대안을 서울이 멋지게 제시할 수 있기를 기대해본다.

어락당을 뒤돌아보며

:   살면서 중요한 일을 가볍게 결정할 때가 많다. 결혼, 취직, 그리고 이사는 인생에서 매우 중요한 일이다. 그럼에도 불구하고 사람을 사귄 지 얼마 안 되어서 결혼을 하고, 좋은 기회인 것 같아서 고민 없이 취직하고, 집에 대한 낭만 때문에 쉽게 이사한다. 이런 일은 모두 밝은 미래를 향한 일이라 그럴 수도 있다. 내가 어락당을 수리하게 된 일도 어찌 보면 밝은 마음으로 쉽게 시작한 것이다.

2010년 10월 말에 어머니가 돌아가셨다. 10월이 되기 전, 봄 학기 끝 무렵에 어머니 건강이 나빠졌다. 나는 여름 내내 미국에 있었다. 가을 학기에는 정신이 없어서 서촌의 현황을 신경 쓸 여유가 없었다. 학기 중에는 바빴다. 휴강도 많이 했기 때문에 학생들에게 미안한 마음이 들어서 더 열심히 강의했다. 그런데 방학이 되자 혼자 있기가 어려웠

· ·

살면서 중요한 일을 쉽게 결정할 때가 있다.

밝은 미래를 기대하기 때문이다.

내가 어락당을 수리한 것도 그런 맥락이었다.

다. 나는 자주 밖으로 나갔다. 당시 북촌에 아는 사람이 많지 않아서 서촌을 자주 찾았다. 어머니가 돌아가신 그해 겨울부터 다음 해 겨울까지 자주 그곳을 걸었다. 그리고 동네를 살폈다. 그 사이에 가장 크게 변한 것은 2010년 4월에 일어났다. '경복궁 서측 지구단위계획'이 실행된 것이다. 재개발의 위기에서 벗어났기 때문에 한옥이 어느 정도 보존이 가능하게 됐다.

서촌을 만났을 때 가장 걱정했던 문제가 해결이 돼서 기뻤다. 동네가 다르게 보이기 시작했다. 춥고 밝은 한겨울 낮에 재개발 대상지인 체부동, 필운동, 그리고 누하동을 혼자서 천천히 걸으면서 아늑한 골목에 있는 옛날식 한옥에서 살고 싶은 마음이 생겼다. 당시 계동 집은 2006년에 수리가 된 집이라서 원형이 사라져버렸다. 그 바람에 집이 간직한 역사가 느껴지지 않았다. 집만 놓고 보자면 충분히 매력적이고 환경도 좋았지만, 그곳에 살림을 편 지 1년만에 계속 살고 싶은 집은 아니라는 결론을 내렸다. 원형을 잘 유지한 한옥에 대한 애착이 있었기 때문인 것 같다. 나는 내내 그런 집에 살고 싶었다. 1988~89년에 살았던 혜화동 한옥에서의 경험 때문이다. 그리고 원형을 지키면서 필요한 부분만 수리하던 교토 집의 경험에서도 영향을 받았다.

나는 혜화동 한옥을 생각하면서 종종 한옥의 불편한 점을 꼽아봤다. 가장 큰 불편함은 부엌과 화장실이다. 이 부분만 꼼꼼하게 수리하고 기와를 잘 유지하면 삶의 멋있는 배경이 되어줄 집을 만나게 될 것이다.

그 후에 계속 서촌의 한옥을 생각했다. 서촌에 갈 때마다 자세하게 봤다. 어떤 날은 얼굴을 익혀둔 부동산에 가서 햇살도 잘 들고 한옥 지정 구역에 있는 집이 있냐고 물어봤다. 그러다 누하동에 있는 집 한 채를 구경할 수 있었다. 밝은 집이었지만, 토지 모양은 이상했다. 체부동에서 또 한 집을 봤는데, 그게 바로 어락당이 될 집이 됐다. 예산보다 조금 비쌌지만 완전한 남향이고 위치도 좋았다. 뭔가 밝고 건강하고 좋은 느낌을 받았다. 북쪽에서 서촌의 상징인 인왕산이 보였다. 그리고 아랫집, 윗집, 앞집이 다 한옥이기 때문에 주변에 높은 건물은 올라갈 수가 없어서 더 눈여겨봤다. 앞집이 남쪽에 있어서 앞으로 건물로 햇살을 가리는 일이 없을 듯했다. 이것이 바로 한옥 지정 구역의 힘이다.

계동에 돌아가서 체부동 집을 사고 싶어 하는 마음에 힘을 실어줬다. 나는 융자를 받을 수 있거나 전세로 살 수 있게 되면 그 집에서 살기로 결심했다. 집은 2011년 1월 말에 계약했다. 매도인이 계속 그 집에서 살고 싶다고 해서 전세를 받고 그대로 지냈다. 결국에는 원형 한옥에 대한 낭만과 그 집의 위치적 조건 때문에 집을 구매한 셈이 됐다. 때가 되면 수리를 조금 더 하고 내가 살아보려고 했지만, 일정은 그렇게 중요하지 않았다.

2011년 학교 일과 주민 활동 때문에 계속 바빴다. 나는 가끔 체부동 집에 찾아가서 인사를 했다. 장마 때 한 번 갔는데 할머니가 지붕에서 물이 샌다면서 손봐야 할 곳을 알려줬다. 집 수리하는 일을 좋아하는 할아버지는 직접 기와로 올라가 비닐로 그 부분을 덮었다고 했다. 집을 매입할 때 기와가 오래돼서 새로 해야 할 것 같다는 이야기가 나오기는 했었다.

내가 찾아갈 때마다 할아버지는 조금씩 그 집의 역사를 이야기했다. 그날은 유난히 이야기가 길었다. 1980년대 초에 이사 왔을 때의 방 배치나 집 상태에 대한 이야기가 아주 흥미로웠다. 이사 온 후로는 이 집에서 크고 작은 수리를 해야 할 때면 본인이 직접 다 했다며 눈빛을 반짝였다. 나는 그 부드러운 마음이 느껴지는 자랑이 듣기 좋았다.

가을에는 원형 한옥에 대한 생각이 변하기 시작했다. 기와 공사는 꼭 해야 되는데, 기와를 내리면 썩은 나무가 나올 것이 분명했다. 그렇게 되면 그 위에 다시 기와를 올리는 건 어려워질 수도 있겠다는 생각이 들었다. 어쩌면 나무 공사도 필요할 것 같았다. 비용과 공사의 범위가 커질 것 같아서 걱정이 됐다. 화장실은 마당 장독대 밑에 있었다. 새로 만들면 비용이 더 드는 상황이었다. 집의 역사를 생각하면 이미 내부가 많이 변해서 원형은 외부에만 남게 됐다. 그 집을 산 이유를 다시 생각해봤다. 원형이 잘 보존되어 있다는 것보다는 좋은 위치, 주변 건물들이 높이 올라갈 수 없다는 환경 요건이 나를 사로잡았었다.

원형에 대한 집착이 사라지면서 고칠 것이 많아졌다. 때문에 집의 대부분을 수선하거나 신축하는 쪽으로 마음이 방향을 틀었다. 집을 가볍게 매입한 만큼 공사도 가볍게 생각했다. 이모저모 생각하다가 당시 동네에서 만난 황인범 대목에게 공사를 맡기기로 했다.

황인범 대목은 서촌주거공간연구회 첫 번째 준비 모임 때 만났다. 그 모임이 끝나고 혼자서 김밥을 먹으러 간 김밥 집에서 우연히 또 만났다. 무엇보다 내가 외국인이라는 것을 크게 신경쓰지 않아서 좋았다. 그냥 배고픈 아저씨 둘이 잡담하는 분위기로 식사를 했다. 오히려 외국인이 적은 1980년대에 나를 편하게 대하던 사람이 많았다. 2010년이 지난 한국에서는 외국인이라는 보이지 않은 벽을 느낄 때도 많았다. 그래서 낯선 한국 사람과 어떻게 대화해야 할지 곤란할 때가 많았다. 하지만 황 대목은 그렇지 않았다. 그때부터 그와 소통이 잘됐다. 집 공사를 맡기는 것이 아주 자연스러운 선택으로 이어졌다.

집을 어떻게 고치면 좋을지 고민하는 동안, 황 대목이 서촌에서 지은 집을 바깥에서 몇 번 봤다. 북촌에서 흔히 찾을 수 있는 한옥과 달리 튼튼하고 남성스러운 느낌이었다. 앞으로 어떤 집을 지을지 잘 모르는 단계였지만, 당시 살던 계동 집과 다른 집을 짓고 싶어서 북촌다운 모습을 배제했다. 원형에 대한 집착을 버리니까 북촌답지 않은 남성스러운 집으로 대체할 수 있었다. 남성스럽다는 말은 애매한 것이지만, 나에게는 일단 장식이 없는 화려하지 않은 것과 같은 맥락이다. 이것은 섬세한 것이나 아름다운 것과 다르다는 뜻이다. 모던한 주택과 가구를 좋아하던 부모님의 영향을 받아 형성된 취향인 것 같다. 교토에서 일본의 미학이 잘 드러나는 집을 고친 경험도 바탕이 됐을 것이다.

집을 거의 다 수선하기로 했기 때문에 건축 전문가의 설계가 필요했다. 황 대목이 공사했던 집을 설계한 볕터건축사무소 황진하 대표에게 이 작업을 부탁했다. 몇 번 황 대목과 같이 모여서 집 설계와 공사 일정에 대해서 이야기했다. 황 대표도 소통이 잘 되어서 기뻤다. 내가 신축을 고려 중일 때 너무 그쪽에만 마음을 두지 말고 열린 생각을 하라고 조언을 해주었다. 덕분에 엉뚱한 생각과 욕심을 포기했다. 황 대목은 집을 설계하는 과정에서 많은 집을 보고, 집을 통해 이루고 싶은 것을 정리해서 전달해달라고 했다. 나는 주말에 서촌과 북촌을 부지런히 답사했다. 그러면서 내가 지을 한옥을 미시적으로 보았다. 덕분에 뜻깊은 공부를 많이 했다.

그해 8월 말. 원래 주인이 누상동에 있는 빌라로 이사를 했다. 전세 계약 기간이 끝나기 전에 집을 비워준 데에 깊은 감사를 드렸다. 서로 출발부터 관계가 좋았던 덕분에 집주인은 상량식에도 왔다. 완공이 된 후에는 오픈 하우스 파티에도 왔다. 동네에서 인사를 잘 나눈 덕분이었던 것 같다. 한국에 살면서 어려운 일이 생기면 나름 잘 풀어왔는데 그

서촌 홀릭

방법 중 하나가 상대방을 존중하는 것이다. 누군가에게 피해가 갈 부분에 대해서 책임을 지면 엉켰던 일도 잘 풀리는 것 같다.

공사는 9월 중순에 시작될 예정이었다. 그런데 원형 한옥에 대한 집착이 남아 있었던 탓인지, 집이 완전히 비었을 때 비디오 촬영을 해서 집의 모양을 기록으로 남겨두기로 했다. 당시 '몸-도시 포럼'에서 같이 활동했던 최재원 큐레이터가 프로 촬영 작가를 소개시켜줬다. 우리는 3시간 정도를 촬영했다. 이것은 짧은 유튜브 영상으로 만들어졌다. 나는 이 영상을 많은 사람과 공유하려고 애썼다. 영상은 그 집에 담긴 역사의 한순간을 짤막하게 보여주는 것이라서 더욱 아름답게 느껴졌다.

드디어 공사를 시작했다. 학교 가기 전이나 학교가 끝난 뒤 매일 현장을 찾았다. 나는 그때마다 황인범 대목과 집에 관한 이야기를 나눴다. 공사는 철거, 설비, 나무, 기와, 내부, 그리고 외부의 단계로 진행됐다. 각 단계는 느낌이 다르고 일하는 분도 달라서 늘 현장이 변화하는 모습이 재미있었다. 그리고 짧은 시간이었지만 현장에서 많은 것을 배웠다.

황 대목에게는 몇 가지 특징이 있었다. 그중 하나는 현장을 완전히 공개하는 것이다. 호기심이 있는 사람이라면 누구나 자유롭게 안전 범위 내에서 현장을 볼 수 있었다. 현장에 가면 대부분 다른 동네 이웃이 구경을 하고 있었다. 우리는 즐겁게 대화를 나눴다. 공사하면서 많은 사람을 알게 됐다. 어락당 공사는 나만의 일이라기 보다는 마을의 일처럼 관심을 받게 됐다. 방문하는 이웃을 보면서, 몇 년 전까지만 해도 위기에 놓여 있었던 한옥 재생의 가능성을 내가 보여주고 있는 듯해 보람을 느꼈다.

'오픈'이라는 맥락에서, 상량식은 마을 잔치가 됐다. 이와 관련해서 좋은 추억이 많이 생겼다. 서로 관계없는 다양한 사람들이 한 자리에 모여준 것이 가장 좋은 추억이자 감사하는 부분이다. 주인공으로서 많이 바빴지만, 종종 모인 사람들을 떠올려보게 된다. 골목에 사는 이웃, 동네 어르신, 동네에서 아끼는 젊은 친구, 한국 문화를 아끼는 외국인 친구, 건축계 전문가, 대학생, 엄마 손을 잡은 아이들, 그리고 서울대학교 제자 등이 함께해줬다. 바쁜 생활 속에서, 그리고 그 바쁨을 종용하는 시대에서 서로 분열이 되는 때다. 그런데 이렇게 다양한 사람이 모이고, 잠시 하나가 되었다는 것이 내게는 기적이었다.

상량식이 끝나자 뼈대만 남은 어락당에서 최재원 큐레이터가 기획한 '흐르는 골목' 전시가 열렸다. 내가 1988년 늦가을에 혜화동 한옥에서 찍은 사진 두 장이 전시됐다. 24년이라는 긴 세월에 내가 한옥과 같이 나이를 먹었다는 생각도 신기했고, 어락당의 좋은 모델이 되어준 혜화동의 한옥 생각이 나서 기뻤다. 전시를 하는 동안 나와 황 대목은 동네 젊은 친구들과 교대하면서 전시장을 지켰다. 이때도 수많은 동네 이웃이 와서 인사를 해주고 관심을 보였다.

살면서 중요한 일을 쉽게 결정할 때가 있다.
밝은 미래를 기대하기 때문이다.
내가 어락당을 수리한 것도 그런 맥락이었다.

'흐르는 골목' 행사가 끝나자 공사가 다시 시작됐다. 현장은 더 바빠졌다. 그 사이에 내부 디자인을 더욱 세련되게 만들기 위해서 황 대목의 트위터 친구인 라이프인스탈로의 박지민 대표를 소개받았다. 신기하게도 그때 나는 내부의 섬세한 부분에 대해서는 미리 생각할 필요가 없는 것처럼 느껴졌다. 그저, 그 자리에서 아이디어를 모으면 된다고 생각했다. 그리고 박 대표와 대화하면서 현대적인 콘셉트로 내부 이미지를 완성시켰다. 그 핵심은 빌트인 붙박이였다. 건평이 12평 밖에 안 되는 집에 빌트인 붙박이가 없으면 살림이 힘들 것 같았다.

설계안을 보면서 아버지가 지은 조부모님 댁 생각이 났다. 어렸을 때 보고 지금도 잊히지 않는 것 중에 하나가, 통로 붙박이장에 있는 양말 서랍이다. 서랍을 당기면 할아버지의 양말이 한 줄씩 나란히 보였다. 공사가 계속되면서 조언과 자문을 다양하게 받았다. 집은 점점 더 여러 사람의 추억을 담은 합작품이 됐다.

2013년 2월에 어락당이 완공됐다. 황인범 대목이 제안해서 10일 동안 집을 개방했다. 이 기간에도 동네 이웃뿐만 아니라 SNS에서 알게 된 사람, 옛 친구 등이 많이 와줬다. 상량식을 하던 날처럼 반가움과 보람을 많이 느꼈다.

2월 중순에 나는 어락당으로 완전히 이사했다. 그러자 어락당은 완전히 나만의 사적인 공간으로 급변했다. 집이 완성되고 나니, 내가 더 이상 공부를 목적으로 들여다볼 현장도 없었고 매일 새로 만날 변화도 없어진 것 같았다. 어락당이 나에게는 다른 존재가 됐다. 지금 생각하면 어락당의 즐거움은 생활하는 것보다 짓는 과정에 있었다. 많은 사람들이 그런 내 마음을 이해하기 어려워하는 듯했다.

한국에 살면서 답답한 것 중 하나가, 과정보다 결과를 중요시하는 분위기다. 여러 사람이 어락당에 살면 어떻느냐고 소감을 물었다. 유지와 관리에 대한 질문도 반복해서 받았다. 나는 내가 집을 지은 과정에 대해 이야기하고 싶었다. 그 와중에 황인범 대목이 어락당 짓는 과정에 대한 책을 쓰기 시작했다. 그러는 동안 나와 대화를 많이 했다. 완공이 된 지 몇 달이 지났지만 황 대목과 대화를 하면서 생생하게 다시 돌아볼 수 있어서 마음이 시원해졌다. 그리고 2014년 4월에 황 대목의 책이 출간됐다. 책 제목은 『작은 한옥 한 채를 짓다 – 서촌 파 교수댁 어락당 탄생기』다.

나는 집을 고치는 과정을 좋아한다. 어락당을 짓는 과정은 많은 사람과 생각을 나눌 수 있어서 특히 좋았다. 서울대학교에서도 외국인 교수라는 애매한 존재는 소외감을 느낄 수밖에 없는 자리다. 그 공허한 마음이 점점 커지던 때, 공사를 시작하게 됐다. 공사 과정은 여느 한국 사람들이 집을 짓는 것과 똑같은 방식으로 진행했다. 건축주가 소외된 존재가 아니라 중심적 역할을 할 수 있어서 기뻤다. 그리고 집을 짓는 동

..

어락당의 즐거움은 생활하는 것보다
짓는 과정에 있었다.

안 수많은 사람들이 나를 외국인으로 대하지 않았다. 형, 이웃, 동네 아저씨, 건축주 등으로 나를 대해줬다. 어락당을 지으면서 잠시 소외된 외국인이라는 존재에서 해방이 됐다. 하지만 공사가 끝나자 나는 다시 구석 자리로 돌아가게 됐다.

마음에 갈등이 고여 있으면 언젠가 폭발한다. 2014년 봄 학기를 마치고 나는 서울대학교를 떠나기로 했다. 쉬운 결정은 아니었다. 하지만 더 이상 남의 집에서 버티는 것보다 어락당을 지으면서 느꼈던 보람을 공유해줄 수 있는 내 것을 찾을 때가 됐다고 생각했다. 서울대학교 말고 다른 큰 조직 안에서 일하고 싶지 않았기 때문에, 내가 할 수 있는 사업을 생각해보기도 했다. 하지만 아직 준비가 되어 있지 않아서 체류 기간이 끝나는 8월 말에 한국을 떠나게 됐다. 나는 그때까지 고향인 앤아버에 돌아가기로 했다.

그러면서 어락당을 매매했다. 이것 역시 쉬운 결정은 아니었다. 한옥은 세를 내주면 집이 상하기 쉽다. 학교를 떠나 앞으로 무엇인가를 하기 위해서는 자본금이 꼭 필요했다. 나는 그 부분을 해결하기 위해 어락당을 팔았다. 당분간 생활비도 필요했으니까 내게는 필연적인 선택이었다. 물론 매우 아쉬웠다. 하지만 어락당은 나에게는 결과보다 과정이 더 중요했던 곳이라서 금방 매듭을 지을 수 있었다.

나는 인생을 개척하기로 했다. 언젠가 다시 한옥을 짓는 과정이 나에게 필요하면, 그때 기회가 다시 생긴다면, 어락당을 지었을 때처럼 즐겁게 할 것이다.

서촌에서 두 번째 인생을 꿈꾸며

: 2015년 11월에 뉴욕에서는 한미헤리티지교육재단(Korean American Heritage Foundation) 개최로 한국어 교사 양성 과정이 생겼다. 나는 강의를 맡게 됐고 그동안 뉴욕 퀸스에 있는 한인타운에 2주간 머물렀다. 사무실은 롱아일랜드철도의 브로드웨이역 바로 앞에 있었다. 역 옆에는 쉼표라는 내 단골 카페가 있었다. 한인타운이라서 나는 한국어를 사용했고, 젊은 바리스타들과 친해지면서 뉴욕에서 가장 맛있는 카푸치노를 매일 즐겼다. 언어를 좋아하기 때문에 그 가게 이름도 마음에 들었다.

날씨 좋은 날, 수업 끝나고 쉼표에 가서 맨해튼행 기차를 기다리며 카푸치노를 마시고 있었다. 페이스북을 보고 있는데 황인범 대목이 체부동에서 짓고 있던 한옥 네 채가 완공된 사진이 떴다. 그 한옥들은 바로 내가 살았던 어락당 맞은편에 세워졌다. 렌터카 주차장으로 쓰였던 커다란 공터였다. 공터에 꽉 차게 올라선 한옥들의 모습은 내게 커다란 감동을 줬다. 일단 인왕산 전망을 가리는 다가구 주택이 올라가지 않아서 다행이었고, 서촌에서 새로 지어진 미니 한옥 단지가 수십 년 이래 처음이기 때문이었다.

체부동의 좁은 골목 속 작은 집을 구입하고 고쳐서 살게 된 이유 중 하나는 주위에 큰 건물이 들어설 가능성이 적기 때문이었다. 어락당 앞쪽에는 높은 건물을 지을 수 없지만, 뒤쪽 맞은편 공터는 상황이 달랐다. 얼마든지 인왕산 전망을 가리고 한옥 밀집 지역의 경관을 해칠 높은 건물이 들어올 수 있었다.

나는 그런 점이 늘 신경 쓰였다. 어락당을 완성하고 이사를 한 후에도 계속 렌터카 주차장의 현황을 지켜봤다. 한때는 땅 소유자가 매매를 한다는 소문이 있었지만, 다행히 진행이 되지 않아 계속 그대로였다. 서촌에서 한옥이 가장 밀집된 곳이 어락당 일대이고, 인왕산을 바라보는 풍경까지 생각하면 문화적 가치가 있는 곳이다. 서울시가 매입해서 작은 공원으로 바꿨으면 좋겠다고 생각한 적도 있었다. 하지만 내가 어락당에 살고 있기 때문에 서울시에 적극적으로 제안하기는 조금 어려워서 실행하지 못했다.

어락당 공사를 진행하는 동안 렌터카 주차장 주인이 가끔 집 공사를 구경하러 왔다. 완공이 된 후에는 오픈 하우스 기간에 내가 그 주인을 안내해주기도 했다. 한국을 떠나온 후에도 가끔 그 자리가 걱정이 되었는데, 황인범 대목을 통해서 새로운 한옥 네 채를 짓게 되었다는 소식을 들으니 무척 기뻤다. 완공되기 전인 2015년 봄에 짧게 한국을 방문했다. 공사 현장을 방문하고 집이 올라가는 것을 흥미롭게 봤다. 알고 지내던 목수와도 반갑게 인사를 나눌 수 있었다.

뉴욕에서, 그 날씨 좋은 늦가을 낮에, 한옥 네 채가 완공된 사진을 보면서 내가 지은 어락당을 보고 주인이 자신감을 갖지 않았을까? 그래서 이 자리에 한옥이 올라갈 수 있었던 것은 아닐까? 하는 생각을 잠깐 해 봤다. 순간적으로 보람을 느꼈다. 내 궁금함에 확실한 대답을 얻을 수는 없지만, 그 자리에 한옥을 지은 건 모두가 보람을 느낄 만한 일이라고 생각한다.

서촌에서 주민 활동을 할 때도 그랬고 어락당을 지을 때도 그랬지만, 나의 대외적 이미지는 '한옥 지킴이'였다. 언론 취재도 많았기 때문에 미디어에도 자주 등장했다. 서울대학교에서 강의를 할 때 어떤 학생이 "정말로 한옥에서 사람이 살 수 있어요?"라고 내게 질문했던 것이 내 언론 노출의 시발점이었다. 한옥이 주거 공간으로서의 얼마나 큰 가능성을 가지고 있으며 한국의 문화로 얼마만큼의 가치가 있는지를 홍보해야겠다고 결심하는 데 큰 동기가 됐다. 그 뒤로 나는 늘 언론 취재를 환영했다. 언론의 보도에는 늘 '파란 눈의 외국인'이라는 표현 같이 나를 완전히 이방인 취급하는 부분들이 불편하기는 했지만, 그래도 한옥이라는 독특한 한국적 주거 공간에 대한 관심과 애정을 이야기할 수 있었기 때문에 그런 부분은 무시하고 앞으로 나아갔다. 2015년 봄에 한국을 다시 찾았을 때, 여기저기 수리하거나 새로 지은 서촌의 한옥들을 보고 보람을 느낄 때도 같은 마음이었다.

한옥을 중심으로 펼쳐진 골목과 마을. 주거 공간에 관한 몇 년 간의 활동, 그리고 관심은 나 자신에게는 보람찬 나날들이었다.

하지만 2015년 이후 서촌은 큰 몸살을 앓고 있다. 젠트리피케이션(gentrification) 때문이다. 이 말은 한국에서 거의 사용하지 않은 단어였다. 그런데 언젠가부터 서촌을 언급할 때 사람들 사이에서 쓰이고 있었다. 나는 이런 언어 생활을 통해 서촌의 상황이 심각하다는 것을 알 수 있었다. 서촌에서 일어나는 일들을 좀 더 명확하게 이야기하자면, 젠트리피케이션보다는 상업화에 가깝다. 하지만 어떻게 표현해도 빠른 변화로 서촌이 원래의 모습을 잃는 것은 확실했다. 이런 과정에서 피해를 보는 주민도 더 많이 생겨났다.

다른 날, 나는 어김없이 쉼표에서 카푸치노를 마시면서 온라인을 통해 서촌 소식을 접했다. 이번에는 임대료 상승 문제 관련 글이 페이스북에 보였다. 비슷한 때에 앤아버 소식도 읽을 수 있었다. 서촌과 다르

지 않았다. 주민 커뮤니티가 그 문제로 흔들리고 있는 듯했다. 서촌에
사는 동안 내가 자주 가던 가게들이 그 문제로 앓고 있어서 너무 안타
까웠다.

땅에 대한 분쟁은 서울에서만 일어나는 일은 아니다. 내 고향 앤아버
도 다르지 않았다. 집 근처에는 오래된 자동차 수리 업체가 있었다. 그
업체가 사용했던 건물은 유령 건물이 됐고, 그 자리에 크래프트 맥주집
이 들어설 계획이라는 게 보도됐다. 인접 주민들이 나서서 반대 운동을
시작했다. 또한 집 근처에 있는 1층 상가를 부수고 6층 주상 복합 아파
트가 지어질 것이라는 계획도 보도됐다. 주민들이 발벗고 나서서 이 개
발들을 반대하고 있었다.

나는 두 운동에 동조하고 참여하게 됐다. 그 순간 스스로에게 질문했다.
'내가 상습적으로 반대하는 사람이 되어 있는 것은 아닐까?'

나는 나의 결정에 걱정이 됐다. 그리고 앤아버의 상황을 좀 더 면밀
하게 지켜보았더니, 앞서 언급한 두 가지 건에 반대하는 사람은 시에서
진행 중인 다른 변화들에도 반대를 하고 있었다. 나는 나의 선택을 다
시 생각해봐야 했다. 오랜 시간 숙고하여 결론을 낼 수 있었다. 사람들
과 대화하는 동안 나는 무엇이든지 반대하는 주민과는 다른 입장이라
는 걸 확인할 수 있었다. 시와 주민과의 대화 기회를 열고, 개발 과정이
합리적으로 진행되어야 하는 필요성을 주장하고 있었기 때문이다. 동

네에 크래프트 맥주집이 생긴 것을 반가워하는 사람이 있을 수도 있고, 친구가 놀러 오면 같이 갈 수도 있다는 점들을 생각해봤다. 주상 복합 아파트도 그렇다. 인구가 12만 명뿐인 앤아버에서 주거 공간이 늘어나는 것은 좋은 일이 될 수 있었다. 오랫동안 주민들의 사랑을 받아온 가게는 새로운 건물에 들어가 다시 장사를 할 수도 있는 것이었다.

나는 무분별한 개발은 반대하되 상황을 긍정적으로 보는 데에 중심을 두기로 했다. 여기서 중요한 것은 '할 수 있다'는 개념이다. 이것은 2008년 미국 대통령 선거에서 버락 오바마가 후보로 활동할 때 외쳤던 운동 구호와도 같다. 'Yes We Can(우리는 할 수 있다).' 즉, 자기 입장만 고수하지 말고 대화를 통해서 서로의 입장을 이해하고 타협을 찾아야 된다는 맥락이다. 그러기 위해서 강자가 권리와 권위부터 주장하면 안 된다. 어렵더라도 여러 사람들과 자주 대화해야 한다.

안타깝게도 이 글을 쓰고 있는 2016년 현재까지는 앤아버 주민들과 크래프트 맥주집이 들어설 건물의 주인 사이에 갈등이 완전히 해소되지 않았다. 건물주가 그 맥주집의 운영자이기도 하다는데, 아직은 한 번도 모임을 갖지 않아 서로 얼굴도 모르는 상태다. 주민들은 주로 늦은 밤에 일어날 소음 문제를 걱정하고 있다. 모두가 그 문제에 대한 대안을 이야기해야 할 것이다. 1층 상가의 가게들이 어쩔 수 없이 자리를 내어주게 된 문제도 그렇다. 새 건물주가 6층 주상복합 아파트에 그 가게들이 들어설 수 있도록 해줄 것인지를 논의해야 한다. 임대료를 양보하고 가게의 임시 이동을 지원해주는 것도 방법이 될 것이다. 그래야 오랫동안 자리를 지켜왔던 가게들이 불편을 참을 수 있다.

서촌이든 앤아버든 이 시대에 필요한 것은 대화다. SNS가 발달하면서 소통할 수 있는 기회가 많아졌지만, 생활이 바빠지면서 오히려 심도 깊은 소통은 확연히 줄었다. 그런 소통이 줄었기 때문에 서로 의견 차이를 좁히거나 해결할 수 있는 능력도 같이 떨어졌다. 그래서 갈등이 해소되지 못한다고 생각한다. 갈등을 해소하려면 우선 의견 차이를 좁혀야 한다. 그래야 서로 납득할 수 있는 타협이 나올 수 있다. 이를 위해서는 반드시 깊이 있는 소통이 기반이 되어야 한다. 각자의 의견에 바탕이 되는 입장을 이해할 수 있는 기본이기 때문이다. 세상의 모든 차이와 갈등이 전부 해결되어야 하는 것은 아니지만, 최소한 다른 의견을 들어보려고 노력하고 서로 존중해야 하는데, 요즘 시대는 결론을 내는 데 급급해서 소통을 하는 것도, 갈등을 해결하는 것도 어려운 듯하다.

2013년에 서울시가 발행하는 영문 잡지인 「Seoul」에 효창공원 일대의 역사에 대해서 글을 쓴 적이 있다. 효창공원을 걷고 의열사를 보고 백범김구기념관에 다녀온 이야기였다. 기념관은 상상했던 것보다 컸고 전시 내용도 탁월했다. 나는 그날 읽은 김구 선생의 명언 중에 하나를 잊을 수 없다.

우리의 부(富)력이 우리의 생활을 풍족히 할 만하고 우리의 강(強)력이 남의 침략을 막을 만하면 족하다. 오직 한없이 가지고 싶은 것은 높은 문화의 힘이다. 문화의 힘은 우리 자신을 행복하게 하고 나아가서 남에게 행복을 주기 때문이다.

김구 선생의 사상을 공부한 적이 없고 아는 것도 많이 없지만, 나는 그의 말에서 깊은 감동을 받았다. '부력'과 '강력'에 대한 욕심이 지배하는 21세기에는 '문화의 힘'이 앞으로 존재할 수 있을지 모르겠지만, 나라의 주권을 빼앗긴 시절을 겪은 김구 선생의 명언의 소중함을 새삼스레 깨달았다.

서촌에서 사는 동안 한국의 미래를 멀리 내다보았다. 그러는 동안 한국에 잠재된 문화의 힘을 봤다. 언젠가 김구 선생이 꿈꿨던 나라를 만들 수 있으리라고 믿고 있다. 만약 한국에서 내게 해야 할 일이 주어진다면 바로 그 대화에 소명을 갖고 두 번째 인생을 설계하겠다. 그 두 번째 인생은 내가 만나고 사랑했던 한국들이 될 것이다. 한국어, 한옥, 골목, 지방, 한국인들과 대화하는 일 말이다.

서촌 홀릭

펴낸날	초판 1쇄 2016년 4월 18일
지은이	로버트 파우저
펴낸이	심만수
펴낸곳	(주)살림출판사
출판등록	1989년 11월 1일 제9-210호
주소	경기도 파주시 광인사길 30
전화	031-955-1350　팩스　031-624-1356
홈페이지	http://www.sallimbooks.com
이메일	book@sallimbooks.com
ISBN	978-89-522-3356-1　03300

※ 값은 뒤표지에 있습니다.
※ 잘못 만들어진 책은 구입하신 서점에서 바꾸어 드립니다.

이 도서의 국립중앙도서관 출판예정도서목록(CIP)은 서지정보유통지원시스템 홈페이지
(http://seoji.nl.go.kr)와 국가자료종합목록시스템(http://www.nl.go.kr/kolisnet)에서
이용하실 수 있습니다.(CIP제어번호: CIP2016007723)

책임편집 · 교정교열　구민준